U0116341

大家小书·译馆

PORTRAIT DU PENSEUR DES LUMIÈRES FRANÇAISE

法国启蒙思想家肖像

[法] 夏尔·奥古斯丁·圣伯夫　著

范希衡　译

北京出版集团
北京出版社

图书在版编目（CIP）数据

法国启蒙思想家肖像 /（法）夏尔·奥古斯丁·圣伯夫著；范希衡译. — 北京：北京出版社，2024.3
（大家小书.译馆）
ISBN 978-7-200-13909-9

Ⅰ. ①法… Ⅱ. ①夏… ②范… Ⅲ. ①哲学家—生平事迹—法国 Ⅳ. ① K835. 655. 1

中国版本图书馆 CIP 数据核字（2018）第 041463 号

总 策 划：高立志 王忠波　　　　责任编辑：高立志
责任营销：猫 娘　　　　　　　　责任印制：陈冬梅
装帧设计：吉 辰

· 大家小书·译馆 ·

法国启蒙思想家肖像
FAGUO QIMENG SIXIANGJIA XIAOXIANG
[法] 夏尔·奥古斯丁·圣伯夫 著 范希衡 译

出　　版　北京出版集团
　　　　　北京出版社
地　　址　北京北三环中路 6 号
邮　　编　100120
网　　址　www.bph.com.cn
总 发 行　北京出版集团
印　　刷　北京华联印刷有限公司
经　　销　新华书店
开　　本　880 毫米 × 1230 毫米　1/32
印　　张　9.375
字　　数　176 千字
版　　次　2024 年 3 月第 1 版
印　　次　2024 年 3 月第 1 次印刷
书　　号　ISBN 978-7-200-13909-9
定　　价　49.00 元

如有印装质量问题，由本社负责调换
质量监督电话　010-58572393

总　序

"大家小书"自 2002 年首辑出版以来，已经十五年了。袁行霈先生在"大家小书"总序中开宗明义："所谓'大家'，包括两方面的含义：一、书的作者是大家；二、书是写给大家看的，是大家的读物。所谓'小书'者，只是就其篇幅而言，篇幅显得小一些罢了。若论学术性则不但不轻，有些倒是相当重。"

截至目前，"大家小书"品种逾百，已经积累了不错的口碑，培养起不少忠实的读者。好的读者，促进更多的好书出版。我们若仔细缕其书目，会发现这些书在内容上基本都属于中国传统文化的范畴。其实，符合"大家小书"选材标准的非汉语写作着实不少，是不是也该衰辑起来呢？

现代的中国人早已生活在八面来风的世界里，各种外来文化已经浸润在我们的日常生活中。为了更好地理解现实以及未来，非汉语写作的作品自然应该增添进来。读书的感觉毕竟不同。读书让我们沉静下来思考和体味。我们和大家一样很享受在阅读中增加我们的新知，体会丰富的世界。即使产生新的疑惑，也是一种收获，因为好奇会让我们去探索。

"大家小书"的这个新系列冠名为"译馆"，有些拿来主义的意思。首先作者未必都来自美英法德诸大国，大家也应该倾听日本、印度等我们的近邻如何想如何说，也应该看看拉美和非洲学者对文明的思考。也就是说无论东西南北，凡具有专业学术素养的真诚的学者，努力向我们传达富有启发性的可靠知识都在"译馆"搜罗之列。

"译馆"既然列于"大家小书"大套系之下，当然遵守袁先生的定义："大家写给大家看的小册子"，但因为是非汉语写作，所以这里有一个翻译的问题。诚如"大家小书"努力给大家阅读和研究提供一个可靠的版本，"译馆"也努力给读者提供一个相对周至的译本。

对于一个人来说，不断通过文字承载的知识来丰富自己是必要的。我们不可将知识和智慧强分古今中外，阅读的关键是作为寻求真知的主体理解了多少，又将多少化之于行。所以当下的社科前沿和已经影响了几代人成长的经典小册子也都在"大家小书·译馆"搜罗之列。

总之，这是一个开放的平台，希望在车上飞机上、在茶馆咖啡馆等待或旅行的间隙，大家能够掏出来即时阅读，没有压力，在轻松的文字中增长新的识见，哪怕聊补一种审美的情趣也好，反正时间是在怡然欣悦中流逝的；时间流逝之后，读者心底还多少留下些余味。

刘北成

2017 年 1 月 24 日

目　录

孟德斯鸠 *

注释

* 《孟德斯鸠》(*Montesquieu*)，1852 年 10 月 18 日及 25 日发表，载《月曜日
  丛谈》第七册。

I

　　"报人有个大错误，就是他们只谈新书，好像真理也会是新的。我觉得除非一个人把旧书全读完了，否则没有理由偏爱新书。"这是乌斯拜克（Usbek），或者不如直接说，这是孟德斯鸠在《波斯人信札》里说的一句话，我们现在把这句话应用到他的头上来倒是很公平的。我从四面八方涉猎着18世纪那片园地，我曾多次碰到孟德斯鸠的大名和他那令人起敬的面容，我却不曾为他停下来。为什么呢？理由很多。第一个理由：他是令人一接触就心怀畏惧的那种人之一，因为他使人真正肃然起敬，因为他的周围已经形成一种宗教。第二个理由：许多大师已经把他谈得太好了，用不着再来拾人牙慧。最后还另有个理由是这一类速写的文章所特有的，就是只为报纸撰稿，总有些地方多少要带点报人习气；我们找应时的题目，我们等候机会，虽不一定要专谈新出炉的（又是孟德斯鸠的话）著作，却至少希望有个自然环境把我们引到旧书上来，并吸引人家的注意。

我老是希望着有这样的一个机会来谈孟德斯鸠。关于他，人们已经有许多很好的、很雄辩的"赞辞"，而他的生活与著作的全史则尚付阙如。人们关于他的生平知道很多的细节，但是还没有可能搜集的那样多，还没有所希望的那样多。他曾丢下一个很大数量的稿本，起先人家曾说："他的儿子色恭达（Secondat）先生在 1793 年年底，当保尔多城开始大流血的时候，一把火把他父亲的手笔和稿本全烧了，因为怕人家在里面找到借口来和他的家庭捣麻烦。"在那时代，做孟德斯鸠或布封的儿子就是个死罪，还是使人家忘记为妙。当时在巴黎，党团里一些冒失鬼最早的行动之一就是意图宣告孟德斯鸠是贵族，是傻瓜。但是毁稿的消息后来证明是假的，伟大的传记采访家瓦克纳[1]先生当年曾有向文化界报喜之快。1804 年前后，大部分稿本曾被人携到巴黎，并且瓦克纳先生还查阅了几小时，作为他热心采访的报答；他以此为题写过一封信，载在一个期刊上，信后还附了几段摘抄[2]。从那时起，前部长来内（Lainé）先生就曾获得了色恭达家的允许，去利用这些宝贵资料做一些研究工作；他曾考虑以孟德斯鸠为题写一部作品，但这部作品始终只是个计划。我们希望这份家庭遗产始终还存在，希望为大众利益计，为那位皇祖的光荣计，这份遗产将来终于能被利用起来。孟德斯鸠不是那种怕人搜他的家常生活的老底子的人。他不论你近看或远看都是个伟大的头脑；他没有什么内疚需要隐讳的；凡是接近过他的人都称赞他的仁慈与淳朴，和称赞他的天才一样。人家曾发表过他的一点札记，他在里面描画着他自己，这点札记给他的面貌添上了一种活泼气象和一种比威仪更高一等的自然本色："白吕塔克[3] 始终使我酷爱，"他说，"他的书里有些环境的描写，附在人物身上的，特别引人入胜。"

他于1689年1月18日生于保尔多附近的拉伯来德（La Brède）府第里，出身于桂言省（Guyenne）老贵族的有文有武的家庭。"虽然我的家世不好也不坏，"他说，"只有二百五十年确凿的贵族历史，但我却很爱我的家世。"他的父亲曾服务军界，很早就退役了，退役后很注意他的教育；小孟德斯鸠是被培养着做法官的。阅读一直是他最热烈的嗜好。有人说他曾写些早熟的、相当大胆的作品，却谨慎地没有发表。他读书总是手里拿着笔，一面读一面想着："一出中学门，人家就把我交到法学书本的手里，我就找着法学的精神。"这种法学的及史学的精神是他终身的探索对象：他探索问题，不认为探索到了就决不休息。他的天才在本质上就是转向着这一类的"研究"的。他在这个天才上又加上一个想象敏捷的手法，轻轻巧巧地就把思想和格言蒙上一种诗的形式，和他的同乡人蒙丹一样；不过他没有蒙丹那么轻巧，也不像蒙丹那么鲜妍。古人在他的心目中成了一种宗教性的崇拜。他并不很认识那一段简朴、自然、天真的古代初期，费纳龙倒像是这种古代初期的人谪落到我们中间来了。孟德斯鸠的古人宁可说是那第二时期，比较慎思明辨的，比较有功力的，已经算是拉丁期了；或者，更正确地说，他把这两期混在一起了，并且他在历史的各时期里，在古人的各年代里，从荷马到塞内卡和马克奥来尔[4]，到处搜罗着足以提高现代思想的名言和故实。这些名言和故实就和人们陈列在显著地方的古高林特[5]陶器或古代青铜人像一样，都是些煊赫的凭证。荷马的一句话，维吉尔的一句诗，迅速地融化在他的思想里，他就觉得使他的思想结束得更完善，使他的思想获得一种神奇的外形。孟德斯鸠的著作满处镶着这些神座的碎片："我承认我好古，"他高叫着说，"那种古香古色使我悠然神往，我时时准备和卜林[6]一起说：你是到雅典去呀，崇敬着那些天神罢！"

而他自己，因为有这样的感觉，也就值得被人家当作古人看待：引孟德斯鸠，拿他的一句话来放到作品里，这是提高身价的。

从1714年起他就当保尔多法院的推事，1716年一个伯父死了，就让他继承着院长职位：他那时二十六岁。孟德斯鸠的朋友拜尔维克[7]上将少年时就带领一联队人，做一个省的省长，他谈到他的时候说："他就是这样，十七岁就处到这样一个地位，对于一个具有高尚灵魂的人来说是十分可喜的，这个地位使他看到光荣之路大开着在他的面前，很可以做一番大事。"对于他自己很早就获得的那个法院院长的职位，他并无意作如是观，但孟德斯鸠做了法院院长至少就有了平视一切的地位，可以以平行的高度品评人物，用不着费力地爬上去，钻到那些人物的身边；许多送上门来的人事关系都听凭他选择。就是在这时候他亲密地结识了那位后来做桂言省省长的拜尔维克上将军。他生来就无贪求富贵的野心，现在所处的地位可能像是比上不足，但是唯其如此，特别适宜于他那政治观察家的工作。他可以毫无所失地把他整个的青年时期都用到这种观察工作上面。

孟德斯鸠认真地干了十年他那法官的行业，但是由于他的研究工作扩大了范围，他感到这一行太局促了，便于1726年卖掉他这个职位。他自己承认不很适宜于官职，不很适宜于人们称为职业或地位的那种差事。"老是使我瞧不起我自己的，"他说，"就是社会上很少职业是我真正适宜于做的。论我的法院院长这一行，我存心倒是很公正的；问题的本身我倒相当地懂得，但是一论到诉讼程序，我就一窍不通。我也曾用过一番功夫，但是，最使我乏味的，就是我看到许多笨蛋都有那套本领，而我呢，可以说是越学越远。"我们可以看见，孟德斯鸠不是个什么行家，并且还可以不太冒险地补充一句说，他一般的都不很实际。他是不是当司法大臣比当法院院长较为得所呢？他笃实如达盖索[8]，文学家兼哲学家如培根[9]，他能比这两个人更娴于事务吗？他在旅行的初期曾写过一封信，表明他有一阵子想当大使，想奉派到外国王廷，但是最妥当的还是让他做我们所知道、所赞美的那样人，做历史精神的伟大的、不朽的研究者，虽然常常有些冒险的见解，却时时有丰富的收获。

他的最早的作品，我们现在还保留着的，是为保尔多科学院写的一些学术演讲，因为从 1716 年起他就是这个学院的院士。他的才器在这些演讲里已经表现出来了；我们甚至在他的发轫之始就已经看出孟德斯鸠将来最爱采用的那种形式，即将古代的形象和故事应用到现代事物和思想上面来。但是，在这里，我们看到他润饰太过，引用神话太多。为了报告回声之物理原因或一个解剖工作，孟德斯鸠把水仙和神女拉来得太多了。在这种初期写作里，他很明显地是在摹仿冯特奈尔，因为冯特奈尔在科学院作的那些工巧的报告天然是富有引诱力的。下面这些话是冯特奈尔的呢？还是孟德斯鸠的呢？

他谈到物理学上的那些新发现，候了多少世纪都不出来，却从伽利略到牛顿一个接着一个爆发出来了："人们简直要说，大自然如处女，她长久保有着她的最珍贵的东西，却把她那么细心保持、那么恒常爱护的瑰宝一下子就让人夺去了。"

另外，还有个思想竟离奇地跑到孟德斯鸠关于"肾脏腺功用"的一篇报告里来："真理有时仿佛跑来迎接着寻找真理的人；常常在欲念与希望之间、希望与受用之间一点没有间隔。"可见，作为保尔多科学院院士的孟德斯鸠是有些向时髦低头，向冯特奈尔拜倒的。

我们在孟德斯鸠的初期试作中更欢喜地发现的是科学的爱好和对一切事物的钻研精神。我们不但有他关于别人科学工作的"报告"，并且还有他自己在博物学上的直接"观察"，这是在1721年11月宣读的。他曾用显微镜观察过一个红色小昆虫，观察过宿木树，观察过橡树藓；他解剖过一只青蛙；他研究过多种植物的营养价值。作者申明他绝不把这些观察和实验看得过分地重要："这是在乡间闲着无聊的成果。这种事情本应该在哪儿生就在哪儿灭，但是生活在一个社团里的人们是有些责任要尽的；我们对我们的社团应该把我们最不重要的消遣活动也报告出来。"甚至在结束这篇"报告"时孟德斯鸠似乎还刻意降低观察家的价值，实际上观察家常常需要运用他的全部的精神锐敏和巧妙发明，才能把事实搜罗到他的眼底的，而孟德斯鸠则说：

我们不需要很多的智慧就看见了大建筑物，如众神祠、斗兽场[10]、金字塔；我们也不需要更多的智慧就可以在显微镜里看见一个微虫，用望远镜看见一颗星星；唯其如此，所以物理学妙极了：大天才，狭隘的头脑，平庸的人们，大家都可以在里面充个角色。一个人不会像牛顿一样建立一个系统，他可以做出一个观察来使这位大哲学家伤透脑筋。然而牛顿总归是牛顿，就是说，是笛卡儿的继承者，而另外那个人只是个常人，一个卑微的工匠，他看见过一次，也许一辈子也没有思想过。

我们在这些话里应该看到的，不是对事实的蔑视，而是要把事实隶属在思想下面，这正是孟德斯鸠的一个特性。他后来

9

在别的地方对观察工作有了较公平的表示，他说观察"是物理学的历史过程而各种系统则是物理学的寓言"。如上所述，孟德斯鸠在开始时是搞科学的，和不久布封搞科学一样，也和后来歌德搞科学一样；他为解剖学奖金提供着基金，仿佛目的只在搞出些绝对严肃性的成绩，和他的地位的庄严性相称。

但是，就是在写这篇关于自然史问题的小报告的同时，他又随便放出了另一部作品，为这部作品他是不需要显微镜的，自己的锐敏眼光自然而然地就给他效劳了。《波斯人信札》在1721年出版，没有作者姓名，它立刻获得了一个纪元性的成功，成为时代的代表作。

《波斯人信札》是孟德斯鸠生平的一部主要的著作：他只真正写了三部书，这部《信札》（1721），论"罗马人盛衰"的那部好书（1734），这部书仿佛只是从他的《论法的精神》里预先抽出的一部分，还有这部《论法的精神》（1748）。三部书的风格都不同，但不如一般人所想象的差别之甚。思想内容不同的很少。论"罗马人"的那部书是作者最能克制自己的一部书，自始至终他都控制着自己；笔调坚劲、高超、简朴，完全与那个"君临一切的人民"[11]的威严相称。在《论法的精神》里，不知道怎么弄的，他常把调侃小调杂入雄伟的文字之中。在《波斯人信札》里，孟德斯鸠还年轻，他玩笑着，游戏着，但是游戏之中还有其严肃；他的大部分思想在这部书里已见萌芽，甚至不只是萌芽，而是已经有相当的发展了。他只是不像后来那样慎言，如此而已，而主要也只有在这方面他显得不如后来那样成熟。因为，他的大部分思想后来一直被保留下来的，只是在他将来的那些作品里，他不用同样的方式去表现它们，却另换一种态度把它们反映出来，他将来说话时时刻刻都带着严肃性了，因为他感觉到社会发明的伟大性，并且切盼着人类天性的升高。

如果我们要体会到孟德斯鸠的精神的实质与形式，就必须想起他暮年写给达朗拜尔[12]的一句话；达朗拜尔请他替《百科全书》写某几条文稿，内容是他在《论法的精神》里已经论述过的。"这几条文稿，"他说，"我从我的脑子里把所有的都拿出来了。我的精神是一个模子，脱出来的永远只是同样的人像：此所以我只能把已经说过的再给你说一遍，也许说得比以前更坏。"这种模子的基本一致性在孟德斯鸠的最不同性质的产品里都可以感觉到，从他的最初一部作品一直到他的最后一部作品。

使《波斯人信札》具有纪元性并反映摄政时代之特征的是那种目无纲纪、放纵恣肆的锋芒，来提高着、调和着思想内容的滋味，使之适合于当时的好尚。孟德斯鸠是从哪里想起来这样借波斯人的口说话，把自己的思想放到这种轻微的伪装底下呢？有人说，他这个念头是学居佛来尼（Dufresny）的，因为居佛来尼在一本题为《亦庄亦谐的趣话集》里，为着变换口味，假定一个暹罗人在巴黎，从天上掉下来，正落到巴黎的圣奥诺勒路（rue Saint-Honoré），以其特有的方式发表着他的感想。某些研究过英国文学的人却偏欢喜说，孟德斯鸠是想起了那一封伦敦来函，冒充爪哇岛的一个印度人写的，曾载入爱迪逊的《旁观者》日报。不管是暹罗人也好，是爪哇人也好，意思到了孟德斯鸠手里，由于他的发挥，由于把它移植到巴黎的那种大胆，就变成独创的了。《波斯人信札》尽可以有其缺点，仍是我国文学所产生的天才作品之一。[13]

乌斯拜克和李加（Rica）两朋友都是有身份的波斯人，他们离开祖国到欧洲来旅行。乌斯拜克是主要人物，他在伊斯巴罕有一所后宫，走的时候交给一个黑种大太监管着，时时给这个太监提醒着他那些严厉的嘱咐。后宫里住的都是他挑选的、特别喜爱的美女，作者倒很有意把我们的兴趣引到这个纯属小说性的，具有极别致、极讲究的亚洲风味的部分。他在1721年那个年代无疑是很成功的：《波斯人信札》的放荡的，并且可以说淫逸的部分，不断描写太监、情欲、后宫生活，乃至后宫用具的那些细节，作者故意在这些上面吸引着读者的想象力，而当时的社会又正要醉心于小克勒比荣[14]的小说，《波斯人信札》的这一部分自然能投那种社会之所好了。到今天，我们觉得这些部分都是死朽的了，都是人工造作的了，这部分稍微再拉长一点就会讨人厌。我们在这些信札里所喜爱的、所追求的是孟德斯鸠本人，他把自己轻轻地分布在他的不同的人物里，在这种透明的面具下批评着他少年时代的那些风俗、思想和整个社会。李加是好讥讽的，从第一天起就显得是巴黎人，边玩笑边描写着走到他的眼前而他也并不讨厌的那些奇特人物的乖张可笑之处。乌斯拜克比较严肃些，他看不惯，他议论着；他接触到一些问题，并在写给本国神学家的信里把这些问题提出来讨论着。这部书的艺术，使人于表面庞杂之中见出精心结构之才的，就是在谈后宫的一封信旁边总是另外有一封信谈自由意志。一位驻莫斯科的波斯大使写信给乌斯拜克谈鞑靼人谈个半页，这半页很可以作为《论法的精神》的一章（第八十一函）；李加就紧接在旁边精妙地批评着法国人专好空谈和那些社交界的废话大家，然后乌斯拜克就在一封写得极好、具有深远意义的信里论着天主和公理。公理观念本身是独立的，在这封信里按照社会制度的真原则解释着。孟德斯鸠（因为这里是他自己说话，就和他将来终身以自己的名义说话一样）努力说明公理观念是怎样毫不以人类习俗为转移的："若是它以人类习俗为转移的话，"他又追上一句，"那就会是一个可怖的真理，连自己都应该逃避自己。"

孟德斯鸠还更进一步，他甚至努力要使这种公理的观念与崇拜独立于任何超人的存在。他直至借乌斯拜克之口说道："就是没有天主的话，我们也当永远爱公理，就是说，力求类似我们所想象得那么美好的神，这个神如果存在的话必然是公正的。我们会解脱宗教的束缚，却不会解脱正义的束缚。"

我们在这里接触到孟德斯鸠的思想底蕴和他运思的全部习惯方式了；我们不要软弱，不要犹疑，干脆把这个老底子赤裸裸地说出来罢。下面这段话还是他说的：

纵然灵魂不灭是一个错误的想法，我若是不相信的话，心里会是快快不快的：我承认我不像无神论者那样谦退。我不知道他们是怎样的想法，但是，我自己，我是不愿拿我的灵魂不灭换取一天的真福的。我非常欣然地相信我和天主一样永恒不灭。并不是由于天启的意识，我的形而上学的思想就给了我一个坚强的希望，希望着我的永恒幸福，我不会愿意放弃这个幸福的。

我们在这些话里就看出孟德斯鸠的信仰和他的高贵欲望的尺寸了。就是在这种欲望的表现中都还暗含着这样一个假定：纵然这东西是不存在的，也还是以相信为妙。我绝不谴责他对人性的升华与理想化，总还算表示出了这样的敬意，但是我，也不能不注意到，他对待并接受公理与宗教的观念是从政治与社会方面着眼，而不是就其潜在性、就其本身着眼[15]。孟德斯鸠渐渐摆脱《波斯人信札》里的讥嘲习惯，也就渐渐走进这条尊重人类信仰对象与崇拜对象的道路：我不相信他走进这条道路，尊重这种对象，是真正出于内心需要的。其结果是怎样呢？结果是：在他那些庄严的文字中间，将会露出一种干枯的味道。他有许多思想，但是，有人已经注意到，他没有政治的情感。他缺乏一种活气，一种粘性，因此人家易于感到一个雄伟的头脑，不易感到一个心灵。我一定要在一个伟人身上指出这一面，如果不是弱的一面，至少也是冷的一面。

他有一个思想始终使我惊诧："冯特奈尔，"他曾说，"论心灵，是出于常人之上的，正如论智慧，是出于一般文人之上的。"我把这句话看来看去，并且内心里想到冯特奈尔是何许人，我最初还以为应该读"冯特奈尔，论心灵，是出于常人之下的，正如……"哩。然而，不然，这句话仿佛是孟德斯鸠有意赞美冯特奈尔的。他在另一个地方又看出冯特奈尔的一个优点，认为对于他那样的一个人来说尤为难能可贵。"他称美别人而无所吝惜。"孟德斯鸠真正佩服冯特奈尔的恒常性、无忌妒心、胸襟开阔与言行谨慎，也许连那种满不在乎的态度他也佩服。从这一切里我要得出的唯一的结论就是：他在作家的才器与风格方面都比冯特奈尔高得多，但在精神信仰方面则有点一样。

人们常引孟德斯鸠的这些值得记忆的自白：

　　对于我来说，读书是医疗厌恶人生的无上妙药，因为我从来没有过一个烦恼读一小时书不能排遣掉。

　　我早晨起来满心看到光明的喜悦；我看到光明总是悠然神往，一整天我都是高兴的。我夜里不醒，晚上，我上床的时候，一种麻痹防止我去想东想西。

　　我和傻瓜相处与和聪明人相处感到差不多同样的满意……

他是个做学问的人、思想的人，很早就解脱了情欲，或者，至少，他从来没有受过情欲的拖累，他居住在、生活在智慧的坚定中。私人相处，他十分仁厚，又自然，又朴质，他赢得了周围一切人的喜爱，达到一个天才之人所能被人喜爱的最高程度，但是，就是在他最富有人情味的部分，人们还是看出他的坚定的、满不在乎的这一面，看出一种慈惠的、高超的正义感，而不是灵魂的缠绵情致。

谁不知道他生活上的这样一件美事呢？他常到马赛去探望他的妹妹，有一天他在马赛，想坐小船出港闲游。他遇到一个叫作罗伯尔的青年，格调和风度都不像划船的人。这个青年一面划着船闲游着，一面告诉他说，他只是节日和星期天才干这一行，为着想挣几个钱赎回他的父亲，他的父亲被海盗船掳去了，此刻还在特端港[16]当奴隶。孟德斯鸠详细问了一切，回港时就离开了那青年。几个月后，那父亲被释放回家了，也不知道哪儿来的这个意外的援助。你感动得流泪了：可要当心！赞美罢，却不要哭。那青年人感觉到父亲是亏了那位陌生人才获得了释放，一两年后又在码头上遇见他了，登时扑到他的脚下，感激涕零，一面为他祝福，一面请求他通个姓名，并去看看他所造福的人们。孟德斯鸠突然躲开了；他否认一切，毫无怜悯地避掉这一个极正当的感激。只是到他临死时这个好事才泄漏出来。这里，我仿佛在孟德斯鸠身上看到那种造福人群，却又不与凡人共哀乐的神祇之一。比方，在欧里庇得斯[17]的《希波利特加冕记》里，狄安娜在这青年英雄快死的时候，特意走开，虽然她似乎曾爱过他。但是一个古代神祇尽管与凡人为友，她的眼里是不许流泪的。托生为人的天主[18]还没有降生哩。

我对孟德斯鸠的天性提出的这个看法是他在《波斯人信札》里给公理所下的定义引起的，我可绝没有意思要减低他的性格上的那种富于人道感的严肃美！我只想给这种美来一个界说，只想考察一下那种斯多噶派的人道感，显出这种人道感怎样有别于巴斯加尔和博叙埃所主张的慈善。

凡是摄政时期在日程上的问题都在《波斯人信札》里接触到了，崇古与崇今之争，南特诏书[19]之撤销与后果，申斥任色尼派圣谕之争[20]，等等。作者在书里为时代精神说话，同时杂入并打进自己的见解；路易十四朝在这部书里受到猛烈的侧面攻击。在"山顶洞人"那著名的一段里，孟德斯鸠以其特殊的方式陈述着他的萨伦特[21]的梦想。在《佃农》《监督》《决疑派神学家》《幸运人》《女赌徒》那些肖像里，孟德斯鸠私淑着拉伯鲁埃尔而与之方驾。他的语言像拉伯鲁埃尔的语言，但无意求似。他的语言尽管是同样地新颖，却也许没有那么复杂；它具有一种独特的明净与画意。决疑派神学家要证明他那种人对于某些不求至善却又想死后获福的人是必要的："因为他们没有奢望，"他说，"他们也就不想占据上游；所以他们进天堂勉强够格就成了。只要他们能进天堂，他们于愿已足。"在另一个地方，他讲到有些人的谈话只是一面镜子，不断地显示着自己的骄矜面目："呵！赞美是多么无味啊，"他叫起来，"当赞美是向出发的地方反射着的时候！"整个的这种文笔都是明净的，警策的，充满隽语的，稍嫌轻薄一点或尖锐一点。也有些语法上的错误，如："最难的不是消遣，而是装出它。"

不过，孟德斯鸠对于文笔有些很超脱的想法："写得好的人，"他想，"不像一般人那样写法，却自有其写法；常常正因为说得不好才是说得好。"因此，他用他的笔法写，而他这个笔法，永远是细腻的、活泼的，随着题材而变得刚劲、豪雄，随着题材而提高、扩大。我曾说，他欢喜，他爱用一种富有画意的形象或比喻来照亮他的思想。比方，他要借李加的口说出，在法国，一个俏女人的丈夫，如果在自己家里蚀了本，就在别人的老婆头上取偿："做个俏女人的丈夫，这块头巾在亚洲是讳莫如深的，"他写道，"而在这里戴上这块头巾却还怡然自若。他觉得有了这块头巾就有资格到处去转移目标了。一个国王失了一片土地就另占一片土地来以求自慰：从前，土耳其人占了我们的巴格达，我们不是把蒙古人的干达哈尔要塞占来了么？"

他完全以同样的笔法在《论法的精神》里指摘着一个英国乌托邦哲学家，这个哲学家有真自由的形象在眼前，却在著作里另外再塑造一个理想形象。他说："他眼前就是拜占庭的河岸，却去另建一座迦克敦城。"[22]

在孟德斯鸠的思想里，每逢人家万万想不到的时候，峰顶突然放出金光。

在《波斯人信札》的那些大胆与不敬之中却还有一种谨慎的精神在乌斯拜克的笔下流露出来。乌斯拜克那么抄动着，有时竟完全戳穿着一切问题，却还要（这也许就是孟德斯鸠不曾逃出的一个矛盾）继续拥护他的国家和宗教的法律。"诚然，"他说，"由于人的天性怪，倒不是由于人的智慧怪，有时是要换换某些法律，但是这种情况很稀少，并且在这种情况到来的时候，只应该用颤抖的手去触动那些法律。"就是李加罢，这个好开玩笑的、轻浮的人，他看到法院判决时取决于多数，便以讽刺诗方式加个按语说："但是有人说，根据他个人经验认为取决于少数要比较好些；这也是很自然的，因为头脑清楚的人究竟很少，大家都一致认为头脑糊涂的人太多。"这些就很够说明，主导着《波斯人信札》的那个精神绝不想把事物朝改革和人民革命方面推向极端。

孟德斯鸠接触了一些纯属历史哲学的问题，对法国人在国民会议中抛弃了初王的旧法表示惊异，他这样就已经走到他当时必然已经隐约望见的那部未来巨著的大门口了；在这以后，他还继续拿许多事情开着玩笑，笑够了之后，他就忽然一刀截住了。《波斯人信札》把眼前的习俗描写尽了、讽刺尽了之后，又转向小说方面。乌斯拜克接到消息，他的后宫利用他不在国内的时机，闹起革命来了；大家造反了，动刀兵了，互相残杀了。那是个色情的、疯狂的结局，杀人放火的结局，我们读来，毫无动人之处。整个这人欲横流的部分都是枯燥无味的，说明孟德斯鸠只是在历史性和道德性的观察范围内才有他的全部想象力。

我再说一遍，在《波斯人信札》里，就开端和结局而论，并且就全貌而论，都有小克勒比荣小说的苗头。

《克尼德神庙[23]》（1725），是美感上的一个错误，才华上的一种迷失。孟德斯鸠为取悦于王室血案恭德（Condé）郡主克莱蒙小姐而写的这首小散文诗自以为是摹拟希腊人的。他那时三十五岁，并且他曾写道："在三十五岁时我还在恋爱哩。"[24]但是孟德斯鸠的艳遇似乎从来没有搅乱过他，也没有叫他的心发软。他尽管描绘他的苔蜜儿（Thémire），我们总觉得他在恋爱场中始终是色重于情："我年轻时候相当幸运，"他说，"够使我恋上些我相信爱我的女人；我一停止相信，我就把她们突然丢开了。"他又加一句："我以前爱对女人说些无味之词，献些不费事的小殷勤。"《克尼德神庙》正是这种无味之词，但是一定费了他不少的工夫。来内先生说，当他获得色恭达家的允许翻阅孟德斯鸠遗稿的时候，他开过一个抽屉桌子，是这位大作家死后没有人开过的，他在里面发现了他所有情书的底稿，整大堆的。《克尼德神庙》的作者连情书都推敲删改，我们读着这首诗就很容易感觉出这一点。在孟德斯鸠的作品里，大文章的骨力和筋络到了小文章里就变成梗滞了。他没有玲珑美。

差不多与此同时，孟德斯鸠在保尔多学院里作了一个小演说（1725年11月），赞美"研究与科学"，这篇演说比较对他的路数。他曾在《波斯人信札》的某一处怀疑科学的功用，现在他替科学平反了。他在这篇演说里以慧敏的、独到的眼光提出这样一个意见：一个知识的获得，智慧上的一个成果，往往是社会安全的间接远因。比方，如果墨西哥在西班牙人登岸之前有过一个笛卡儿，高尔台兹（Cortes）就绝不能把它征服。因为墨西哥人对西班牙人那种极端畏惧以及认这些外国人为神祇的观念，"仅仅是昧于某一个哲学原则的后果"。墨西哥人和秘鲁人都不缺乏勇力，"只缺乏成功的希望。就是这样，一个坏的哲学原则，昧于一个物质的原因，就使两大帝国的全部力量一时都瘫痪了"。孟德斯鸠在这篇小演说里还辉煌地谈到研究工作和驱使我们从事研究工作的动机："第一，我们看到我们人类本质的优越性日益增加，使万物之灵更加灵异，我们就感到内心的满足。"还有一个动机，不必远取诸物的："就是，"他说，"我们自身的幸福。研究工作的爱好在我们的心里差不多是唯一的永恒的情欲；所有其他的情欲都随着我们这产生情欲的臭皮囊接近坍塌时而逐渐离开我们了……必须自己造成一种幸福能在一切年龄中都追随着我们：人生苦短，不能伴我终身的幸福，必须漠然视之。"最后，他还指出一个动机，也同样是他自己在内心里感觉到的，就是有益于公众，有利于世界："努力使我们身后的人们比我们更幸福些，不是一个很美的意愿吗？"孟德斯鸠由于心灵的正直与智慧的主导，生就是个公民，属于佛班[25]、加迪纳[26]、杜伦[27]、劳比塔尔一流人物，是诚恳愿望祖国与人类享有福利与荣誉的那一流人物："每逢人家作出一个规定是关于增加公共利益的，我总是感到一种内心的喜悦。"

不论好歹，《波斯人信札》把他放到作家之列了，这使他感到有利于荣名而不利于职业。从此以后，一种强烈的推动力召唤着他去终身尽作家的天职。他摆脱他的束缚，卖去他的职位，1726年入法兰西学院，虽然他在入院之前也和大家一样开过学院不少的玩笑。于是，在 1728 年春天就开始他的国外旅行，从德意志、匈牙利开始。在维也纳，他经常和欧仁亲王[28]见面；到了威尼斯，他还有幸遇见包恩法尔[29]，这时包恩法尔还没有投土耳其；他又游历都灵、罗马、意大利，由瑞士、莱茵河岸和荷兰转回来，到英国（1729 年 10 月）结束他的考察旅行。在英国，他有极司非尔爵士[30]作为介绍人，这是最开明的向导；他看到一切，并且看得很清楚。到达英国之前，他在大陆上和一个英国人华尔格拉夫爵士（Lord Waldegrave）一起旅行时，他就已经说道："除了生在英国的人而外就没有具有真正良知的人。"人们曾发表过他的《旅行日记》中的若干《散记》，是关于他居留伦敦时期的。他注意到，在他那时代，外国的大使或公使都不比一个六月婴儿更认识英国。出版自由蒙蔽着他们，"因为人们看到报刊上闹得鬼火神烟的，就以为人民明天就要起来革命了。但是我们只要稍微想一想：在英国，人民不满部长大臣和在别的国家是一样的，在别的国家人民想而不写，在英国人民就把所想的写出来了"。孟德斯鸠很欣赏那里每人都愿意要的并且都善于享受着的那种自由："一个瓦匠也叫人把报纸送到房顶上去给他读。"他对于英国的现状和制度绝对没有偏向好一方面的幻想；他如实地批评着政治风气的腐败、信仰和选票的贿卖性、务实和打算盘的习惯、怕受骗怕到把心肠都硬起来。他自己仿佛也几乎以为离革命不远了。但是我们知道，在华波尔[31]执政时期特别低落的那种政治风气到洽赞（Chatham）时期又因爱国主义而上升

22

而受到淬砺了。如果孟德斯鸠看到恶的方面，他也深深意识到平衡这种恶的有利方面。他是这样说的："英国现在是世界上最自由的国家，没有任何一国能和它相比……在英国，一个人哪怕有和他的头发一样多的仇敌，他也不会遇到任何危险：这就了不起了，因为灵魂的健康和身体的健康是同样必要的。"

先见之明在下面这句顺便说出的话里和电光一样闪耀着，它预言了英属美洲的解放："人家从欧洲和非洲这样大量地派遣居民到西印度去，其后果如何我不得而知，但是我觉得如果将来有一个民族要被它的殖民地抛弃的话，这种事必定从英国开始。"

我非常惭愧地承认，哪怕要我牺牲一点我对意境美的感觉，如果能有孟德斯鸠这本《旅行日记》全文的话，像这样极朴质、极自然的《散记》，最初直接从肺腑里流露出来的，我宁愿读这种《散记》，而不愿读《论法的精神》本身，我觉得这些《散记》是更有益处的。

是啊，在孟德斯鸠这部大著里，艺术家的成分占大头：里面说到的许多东西都值得怀疑。这位艺术家作者坐在那儿，面对着他的题目，他的广泛的参考资料；他需要一个法律，他就寻找这个法律，有时他就创造这个法律。在他堆在面前，压迫他，几乎要把他压倒的那些书本和大量注释当中，他抬起头来，决定他自己的看法。他使他的作品涌现出来；他大胆地、有时也很费劲地展开他的"议论"和他的远景，他把这远景任意布置着。不是他关起书房门私下说过这句话吗？"历史都是些假事实，根据真事实或者利用真事实的机会编出来的。"

不也是他，还这样说过吗？"我们在历史里发现的人都被美化过了，我们发现他们不像我们实际看到的那样。"当一个人只顾到历史特质的时候，其结果会怎样呢？用历史眼光看人都只是从远处看到；人的实质是政治之所赖以构成的，在孟德斯鸠的眼光中这种实质消失得太多了。

丢开这些遗憾罢，我们应该带着敬意，接受着这种唯一的、至上的"议论"形式，这形式是他所独擅的，是一个那么高明、那么坚实的智慧产生出来的，是从一个不曾遇到过第二次的模子里脱出来的，模子有其特具的美妙的参差错落，形式也就保有着参差错落的痕迹。孟德斯鸠回国之后就退隐到他的拉伯来德府第里，和巴黎的晚宴离得远远的，以便收集并编次他的思想。他在那里待了两年，每日所见的只是他的书籍和他的树木。他初到时满脑袋装的都是英国，本想先发表一本书论这个独特的、太不像我们政府的政府，这个政府太吸引他了，但是他努力抑制并推迟这个意念：他宁愿先发表他的《罗马人的盛衰》，这部书一直是他的最古典、最完善的作品，甚至是唯一使我们今天感觉到是一气呵成的，和一座铜像一般。

II[32]

　　孟德斯鸠的作品只是他博览群书的哲学提要和别出心裁的重写：书里有一段叙述，他看过后把书一关，就来论史。没有人能比他更善于论史了。他表达出历史的思想；他使之有次序，有连贯，有意义；他的议论之美，就美在发议论的笔法。孟德斯鸠以坚定的脚步前进着，意思层层抽剥，又紧凑，又活泼，总的看来，显得气派伟大；词锋是敏捷的，短小精悍的，旨趣高超的。

　　这种看法和说法用于论罗马人，确有相得益彰之妙。为了评鉴他关于罗马人的那些"史论"，最好先检查一下前人的同题之作，把他取之于马加威尔[33]、圣厄佛尔孟、圣勒阿尔[34]诸家的都剔出来；至于形式方面，宜于把孟德斯鸠论史的文章直拿到博叙埃[35]的议论文一块，比较一番。

孟德斯鸠的精神的本质太倾向于论史了，以至于还不该论的地方、根据不足的地方，他就论起来：关于罗马初期就是这样。在从阅读中得出感想之前本应该先问一问史家所说的是否真实；对于古史记载和半神话的传统说法是有个批判工作要做的；孟德斯鸠却不做这个工作。由于人家传说罗木鲁斯[36]采用萨班人（Sabins）较宽的盾，放弃了他原来一直使用着的阿尔哥斯人（Argiens）的小盾，孟德斯鸠就得出结论说，罗马有那么一个习俗，有那么一个政策，陆续采用战败者之所长。

只是从汉尼拔和迦太基战役起，孟德斯鸠的思想才自在地展开，找到它的全部材料。第四章论罗马人政策和他们统治异族人民的手腕是一篇杰作，其中谨严与雄伟相结合；大笔法从此开始，一直就继续下去了。孟德斯鸠谈罗马人，他的语言也就变得和拉丁文一样，具有坚实、凝炼的风格，接近于塔西佗[37]或萨吕斯特[38]的语言。他给我们描写元老院说，"当军队披靡一切的时候"，元老院便把被打倒的人们控制在地上，不让他们爬起来。"披靡"一词是用它的原意，孟德斯鸠是爱用原意的[39]。他最善于把词语拿来重加淬砺，恢复它们的全部原始力量，这就使他的文笔得以又短小又精悍，同时还显得简朴。他还说："罗马最大的得力之处就是它能使全世界都对它肃然起敬。它首先使各国国王不能说话，使他们噤若寒蝉。""噤"字也是用拉丁文原意，作"肉体麻痹"解释。还有"一些生活于奢华逸乐中的国王不敢凝视罗马人民"。我可以把这种例子举得很多很多，说明孟德斯鸠是怎样专欢喜使许多字恢复它们的正确原意，是怎样把这些字明晰地用到伟大的事物上，使它们功效倍增。为着指明罗马士兵作战，离罗马愈远，公民精神就愈趋薄弱，他说："因此，士兵们开始只认识他们的将帅了，只把他们的希望寄托在将帅身上了，开始从更辽远处望着城了。"最标准的城，拉丁文称"乌尔布斯"（Urbs），就是罗马；拈出"城"字，可算是以表面上最简单的方式来表达最有力的意思了。如果有人说孟德斯鸠是无意为之，谁也不会相信的。只是这方面，他较博叙埃稍逊一筹，因为他有个笔法，经常是先想好了才落笔。在博叙埃的文章里，雄伟而简朴的语句以自然而然、一往无前之势奔流出来，散布出来，波澜澎湃地展开着它的壮阔、奇险或漫不经意之处；在孟德斯鸠的文章里，先有推敲，有精心结构，有功力，然后和萨吕斯特一样，再归于词语表达的正确与便于记忆的凝炼；然后和塔西佗一样，使形象同时又瑰丽又斩截，给他的全部语调印上一种说不出的庄重与威严。

他在整个的这本书里都达到了这样的程度，体裁始终是"史论"，而词语则时时有博叙埃与高乃依之风。他写罗马人善于把他们要打倒的那些国王孤立起来，把那些国王的盟友离间开来，善于用长期活动在他们的劲敌周围到处拉拢朋友："就仿佛，"他说，"他们只是为赠予而征服；但是，他们却始终把主动权掌握得那么好，以至于他们一和某一国国王作战，他们就可以说是用全世界的重量来压倒他。"

没有人比孟德斯鸠更能体会到罗马精神的理想境界了；他生性就是倾向元老院的，并且有点像那古代共和国的一个贵族。有一点我们应该注意，他把亚力山大、特拉让（Trajan）和马克奥来尔都说得那么好，却对恺撒不够慷慨，至少他谈恺撒不像谈那几个伟人那样心向往之。他还怪他不应该做罗马世界大转变的那样强有力的工具。孟德斯鸠（如果除开《波斯人信札》）对于基督教一向都说些很好听的话，并且越到后来就越承认，越像是拥护基督教对文明和人道方面所做的贡献。然而，他对基督教影响之前的纯罗马特质，对斯多噶派的罗马特质，有一种偏爱，后来他一点也不隐讳。像迦陀、白鲁杜斯[40]那一流人物的自杀引起他很多的感想，而在这些感想之中可能有些古典的偶像崇拜和着魔的意味："的确的，"他惊叫着说，"人都不像以前那样自由、那样勇敢、那样趋于伟大的事业了，以前，由于自己对自己有这种支配的威力，人就可以随时随地逃脱任何其他威力的支配。"直到《论法的精神》里，他谈到所谓古人的道德时还重述这个意思："当这种道德在古代正盛行的时候，人们就做出一些今天再也不能见到的事情，使我们渺小的灵魂惊愕不止。"

孟德斯鸠曾猜测到很多古代的或现代的事物，连他在当时最少见的事物都猜测到了，不管是关于自由政府的也好，关于内战的也好，关于帝国政府的也好。从他的作品里把这种预言和暗示拿出来，很可以做成一本有趣的摘抄。我们可不要使用这个办法，因为这个办法是把一个大思想家往我们自己这边拖，会使他离开他自己的广阔途径的。但是，在孟德斯鸠所预见到、猜测到的一切之中，却差了一点，使他不能贯彻始终，不能完成他的天才的教育：他差了没有预料到革命。他不相信在我们这时代还会有非法放逐的可能，还会有集体掠夺。他论到罗马人的掠夺："我们的财富很平常，"他说，"这就使我们有这样一个好处，它们比较安全：我们不值得叫人家来掠夺我们的财富。"孟德斯鸠就料想不到会有一天，不久就会有一天，教会财产整个地被剥夺了，大部分的贵族也是如此，巴黎审判院的首脑们依次地上了断头台：一个 1793 年，那是猜想不到的。

我曾经读了一读马加威尔，和孟德斯鸠对照一下：马加威尔对孟德斯鸠来说，是一个真正的反驳，或者至少也是一个真正的修正。读着马加威尔，我们就觉得离自然的腐败不远，离原始的贪婪不远；马加威尔提防着，而孟德斯鸠却不提防。马加威尔这样说过：人性中经常有个隐蔽的作恶趋势，只在等机会出头，必须有全部的法律，并且用实力把法律武装起来，才能把这趋势镇压得住。据他看，人之所以为善只是出于不得已："但是，他们一有机会选择，一有公然作恶、不受惩罚的自由，他们就绝不会不到处造成混乱与纷扰。"马加威尔深信，人经过历朝历代的管制，尽管表面上改变了，但某些机会再一出现，我们就又看到人都还是原封未动。孟德斯鸠就不够确信这个真理。在《论法的精神》的开端，他甚至说，初民被人假定为野蛮的、纯自然的，实则他们第一是羞怯的，需要和平：就仿佛肉体的贪欲、物质需要和饥饿、任何青年时期对自身力量那种盲目的感觉，还有"与生俱来的在人心中的那种盲目的统治欲"，就仿佛这一切都不会一开始就产生殴斗和战争。这个批判是基本的，并且，我觉得适用于《论法的精神》的全书。孟德斯鸠不但在表面上，并且在心里、在思想深处，把人性合乎礼义的部分看得太重了。孟德斯鸠这个缺点是非常值得敬佩的，但是敬佩归敬佩，实在仍然是实在。对于过去，对于既成的、不再有什么后果的事物，他是个绝妙的解释者和整理者，但是他也最能把为着将来而听信他的话的人们引入歧途。他生在一个温和政府之下，生活在一个开明的社会里，分裂叛乱的局面已成辽远的回忆了，削平祸乱的专制政权也已经不在眼前，或者至少不是那么容易感觉到了，他就轻易地把人类天性照他的主观愿望描写着。他忘记了当年李施略和初期的路易十四世所会干出的并且必须干出的是些什么事。我不惜重言一遍，他对于人性实质的观念、在宁静的文明时期这样易被蒙蔽起来的观念，非有一个革命（哪怕就是巴斯加尔所见的那种投石党的叛乱也成）不能使他觉悟过来。

马加威尔正相反（在比较这两个天才时不要忘记这一点），他生活在一个不同的时代、不同的国度里，在这个时代和国度里，个人也好，城市也好，每天都有一百二十四个被毁灭、被杀害的可能。像这样一种社会情况是会使人经常警惕、十分谨慎的。

我离开"史论"了，把话头再拉回来罢。孟德斯鸠面对着的，一边是抗拒恺撒的老罗马人，一边是首先越过卢比公河[41]的恺撒，因此他了解恺撒的程度不如了解其他伟人；他带着一种遗憾的心情叙述着恺撒。孟德斯鸠在精神上和那些罗马人在一块儿生活得太融洽了，以至于对他们有一个意见，一个亲身的、直接的印象，有时就自然地流露出来。他谈到勒比得（Lepide）的三头政治被奥克塔夫[42]牺牲了的时候："人们看到勒比得这家伙受到屈辱，都非常开心，"他叫着说，"他是共和国中空前的最险恶的公民。""都非常开心……"孟德斯鸠写着"史论"时突然漏出这种家常的小语句，正好说明他和那些大事处得十分亲密，如身历其境：在这些章里窜入了他平时说话的那种骤然脱口、出人意表的成分。比方，谈到亚力山大，他说："一切事我们都敞开来谈罢。"又比方"我们永远舍不得丢开罗马人……"，或者"我舍不得丢开这个话题……"，或者"我请你稍微注意一下……"，等等。我在这些话里仿佛看到一个活泼的人在做手势，他有满肚子的话要说，生怕谈话中漏掉一点，抓住听他说话的人的胳臂。孟德斯鸠欢喜的就是这样。

有时手势做得更大些，不那么家常了。演讲人站起来："到这里，我们应该好好看看那些人事的景象……"于是，他以足与博叙埃比美的气势，数着罗马人民和元老院的全部工作：打了那么多的仗，流了那么多的血，获得了那么多的胜利，表现出了那么多的明智与勇毅，这一切到头是为着"满足五六个怪物的幸福"。整个这一段纯粹是博叙埃的风格。

然而，有主要的一点把孟德斯鸠和博叙埃分开。他们俩都相信人事中有个最高的决定意旨。但是博叙埃把这个意旨放在上帝和天命上面，上帝自有其秘密和目的；孟德斯鸠则把这个意旨放在别处："并不是命运主宰世界，"他说，"我们可以问罗马人，他们有过一连串的繁荣时期，当他们依照某一计划治理着自己的时候；他们又有过一连串的衰危时期，当他们依照另一计划行事的时候。有一些或是精神的，或是物质的通因，在每个皇朝发挥着作用，它们使之兴起，使之持续，或使之覆亡；一切意外事件都从属于这些通因；如果偶然一次败仗，也就是说如果一个特因，使一个国家垮台，必有一个通因决定着这个国家应亡于一战：总之一句话，主要的趋势拖曳着一切特殊的意外事件。"

孟德斯鸠的全部历史哲学都在这句话里，我们必须承认，就罗马人而论，事后回顾，他仿佛说得很对。罗马人倒是非常适于应用这样严密的一个思想系统：人们真正可以说罗马人是为着让孟德斯鸠来论他们才有意生到世界上。

然而，如果我们不像博叙埃那样做法，把历史世界的决定意旨和规律直接放到上帝的怀抱里，我觉得就很难，也很危险去在历史世界找到孟德斯鸠所自诩在事后发现的那种承续和连锁；而马加威尔在这方面就似乎比孟德斯鸠要明智些、了解真相些，因为就是在他的论断中间他也老是提醒我们说，在历史事件的起源与完成中，在那些帝国的寿命中，有多少偶然的成分啊，也就是说有多少我们所不知道的原因啊。这里，孟德斯鸠又差了一点，他没有在书房以外生活过，没有看见历史在他的眼前发展。否则的话，他一定更要时常地说道："弥天的大事，其关键是何等几微啊！"有人说，阿尔伯罗尼[43]大主教曾批评孟德斯鸠，意思是这样："就罗马人的国家制度中去找罗马盛衰的原因，不免失之鲁莽，"那位曾任首相的大主教说，"在历史大事中，人谋只有最小的一分力量，宁可说历史大事构成时代，不如说它就是结果。"

比《罗马人的盛衰》晚几年（1745）发表的那篇著名的《西拉与欧克拉特对话》[44]是与《罗马人的盛衰》分不开的：当时有一种仅具雏形的道德与政治科学院在文多姆（Vendôme）广场一个大厦的下层阿拉利（Alary）长老家里开会，《对话》就是为这个场合写的。这篇《对话》很美，但是紧张一点；英雄们和政治家们在自己房间里谈话不完全是这样，就是跟哲学家谈话也不是这样。孟德斯鸠这个西拉有点像悲剧里的西拉。他有大卫[45]画派的学院气，有学院派画像中的衣服褶迭，有裸露，有弯曲姿势。

孟德斯鸠有六十岁了，当他发表《论法的精神》的时候（1748 年年底）。前此那些年，当他不住在他的拉伯来德府第的时候，他就生活在巴黎，在上流社会里交游很广，特别是在艾季荣公爵夫人和居德芳夫人[46]的社交圈子里，到处都想望他，到处都希望他来；他很简朴，甚至浑浑噩噩的，有请必到，不求自炫。"我曾有幸和他在相同的社交圈子里生活着，"莫伯追（Maupertuis）说，"我曾看到人家在他未到时那种渴望，在他来到时那种喜悦，我自己也和大家一样有这种渴望与喜悦的心情。""谁不欢喜，"艾地（Aydie）骑士写信给居德芳夫人说，"谁不欢喜这个人呢？谁不欢喜这位老好先生、这位伟人呢？他在作品里、在性格上、在风度上都显得独具一格，始终叫人不是惊赏就是拜倒！"还有达让逊侯[47]在这时期把他品评得很正确，他说："由于他有无限的才华，所以他把他所知道的东西运用得非常令人可喜。但是他把他的才华用在著作里的较多，用在谈话里的较少，因为他不求炫人耳目，不屑于在这上面用功夫。他带点嘎斯干省口音，这是他从故乡留下来的，他觉得改掉这点口音就仿佛会降低他的身份。他一点也不修饰文笔，他的文笔是极精警的，有时甚至是遒劲的，而纯粹则远逊精警。"谈到孟德斯鸠二十年来准备的那部大著，达让逊又说：

我已经知道一些片段，这些片段有作者的盛名保证着，只能再增加他的盛名。但是我恐怕综览全书就不能如此，我恐怕令人读着称快的篇章多，工巧而能诱惑人的意思多，而教人怎样制定法律、了解法律的那种真正的、有用的教训终嫌不足……我知道他有一切可能有的才华，他曾在考察旅行中和在乡下闭门阅读中，求得了最广博的学问。但是，我再说一遍我的预料，他将不会供给我们所需要的那样的书，尽管在他准备着的那部书里人们一定可以找到很多深刻的意思、新颖的想法、动人的形象、慧心语和天才语，以及大量的奇异的事实，这一切的应用，需要识力比需要学力还要多。

　　达让逊在一方面看得不错，但在另一方面却又看错了：孟德斯鸠的这部书尽管有其一切缺点，到出版之后却把人们的种种疑虑都化除了，把至好的朋友们的期望都超过了。有些作品是不能从太近的地方去看的：那是些巍峨不朽的大建筑。居德芳夫人曾说："那不是《论法的精神》，那是借法律来耍才调[48]。"这句话在孟德斯鸠的那个特殊的社交场中可能是真实的，但是以大众的和世界的观点去看就不是真实的了。社会大众看事物比较注意事物的全貌，只要作品里有雄伟的气魄，有卓越的表征，社会大众就假定作者处处都对，于是他们就顺从着他们从书里接受到的那种推动力。同样是《论法的精神》这部书，那位好学深思的季本[49]谈到他博览群书时却说："我读过格罗丢斯[50]和毕封道夫[51]……我读过巴拜拉克[52]……我读过洛克[53]和他的论说……但是我的乐事就是一读再读孟德斯鸠，他的文笔的沉毅和设想的大胆具有太强大的威力了，足以唤醒并激励时代的精神。"而华波尔[54]在这部著作新出版时也写道："我认为它是得未曾有的好书，至少，我从平生阅读中得来的知识还不敌从这部书里得来的一半。书中的才华和实用的知识一样多。"但在我们看来，这最后的一点已经变得可疑了。相反地，一个现代英国批评家曾说："人们引不出一部书来在当时影响人类能像它那样多，在今天使读者获得切实可行的观念能像它那样少。"不过，凡是推进人类精神的书籍，其命运差不多都是如此。

孟德斯鸠在书快出版的时候，我们由他的通讯中可以看到他似乎饱受"临盆"的痛苦与极度的疲劳。他最后在他的田园里差不多一连住了三年，不停地工作着。他的眼睛不争气了，不大能看得见。他的秘书和他的女儿把他自己不能阅读的书读给他听："我疲惫极了，"他写信给人家说（1747年3月31日），"我打算从此休息，以终余年了。"他只是到末了才想到给他的作品加一篇余论，《论法国民法之起源与变革》，这就构成《论法的精神》的最后四卷："近三月来，我几乎累煞了，"他说（1348年3月28日），"为了完成我要加进去的一部分，这将是论我们法国民法之起源与变革的一本书。三个钟头可以读完，但是，我向你保证，它费了我那么多的工夫，连头发都变白了。"这部作品一写完，一在日内瓦出版，他就叫道："我承认，这部作品几乎把我累死了：我要休息了，不再工作了。"

这种努力，孟德斯鸠这样沉痛地嚷出来的，我们在他的作品里也能感觉到一点。第一卷泛论法律，就其最广的意义及与一切人类之关系立论，颇嫌空泛，并且，我敢说，我们在这第一卷里感到一个人在为难，不知道如何下手，正如在最后几卷里我们感到一个人在疲乏得不得了，有点喘呼呼的。在第二册开端，仿佛在中途（《论法的精神》在日内瓦初版时分为两册），他原想依古代方式放上一篇《向司文女神呼吁》：

碧野丽山的贞女们[55]啊，你们听到我给你们的称号吗？给我灵感罢！我跑着一个漫长的路程；我不胜愁郁与烦倦之感。请在我的智慧里放进我从前感到的、现在远离我而逃逝的那种妍媚与温柔罢。你们只有在用乐趣导人入于睿智与真理的时候才是最神奇的。

但是，如果你们不愿意柔化我的作品的严酷性，就索性把我写作的努力掩藏起来罢：让人家获得教益而不见我在施教；让我思考着而仿佛在感觉；并且，当我披露新事物的时候，让人家以为我什么也不知道，都是你们告诉我的。

整个这一段"呼吁"都充满着美，理性享受的感觉在这里面被确定为"我们的官能中最完善、最高贵、最美妙的官能"，被提高到诗的程度。受托交印并校阅这部作品的日内瓦的朋友对这篇颂诗提出了反对意见，认为放到一部现代作品里显得太古老了，要求删去；孟德斯鸠先拒绝了一下，后来同意了。

大家不会期待我在这里摆出架势来批评《论法的精神》：这个批评需要写几大本书，要一卷一卷、一章一章地去做。这一类的驳正我所知道的已经有三个：特拉西先生（M. Tracy）的辩驳，因为，尽管题目并非如此，可实质上却是一个逻辑的辩驳和纠正，而不是"笺释"；税务官居班（Dupin）的辩驳也是不可忽视的[56]；最后，我还看到另一个很值得注意的稿本，是前艾克斯（Aix）总主教波瓦日兰（Boisgelin）写的。在政府性质分类方面，在他给每类政府确定的原则方面，在论气候以及他给气候确定的影响程度方面，在他散布在作品里的事实引证方面，我们可以步步把孟德斯鸠拦住。他常常会引证不确，只图增加文章的效力，像后来夏多布里昂所做的那样：这是想象力强的人所常有的事，他们利用着广博的典故，既不能忠于原意，又不能加以控制。他们读书时随笔记下一条，有慧心语，有警策语，然后呢，做文章时就费尽心力要把他正正堂堂的思路拉到这精彩的一条上，有时甚至拉到轻浮的小故事上。孟德斯鸠太滥用这种古代的小故事和古史供给他的意义模棱的小事例了。我请问，厄皮尔（Épire）国王阿利巴（Arribas）为了和缓一人专断统治所能做到的事于我们又有什么关系呢？厄皮丹尼人（Épidamniens）采取的某某警务措施于我们又有什么关系呢？能得出什么合理的结论呢？《论法的精神》一书割裂频繁，分章零碎，有时一章只有一句，这都表示或者结构上有某种困难，或者有意标新立异。布封和这种笔法太相反了，他以肉体的原因解释孟德斯鸠的笔法："这位院长，"他说，"差不多是个瞎子，并且他又想得太敏捷了，以至于大部分时间他想叫人代写的话，自己都忘记了，因而不得不尽可能把自己的意思紧缩到最小的范围。"

孟德斯鸠自己也承认，他谈话时，如果感到人家在静听着，他就觉得整个的话题都仿佛在他面前烟消云散了。他需要有个对话的人支持他："至于推理的谈话，"他又补充一句，

"话题总归是截而又截的，我倒还很可以应付。"《论法的精神》给我们的印象常常就是截而又截的，和孟德斯鸠所说的那种谈话一样。这一切交代之后，余下的就是天才之作了。有些章节，如论亚力山大的，论查理曼的，都使人读着称快，把一切缺点都忘记了。那些像论宪法的各章，主要是论英国政治风俗的各章（第十九卷第二十七章），都是历史界的创获。有那么一种敏捷而锐利的智慧，它们首先抄动整大堆的事实，照耀得清清楚楚。我们时刻感觉到孟德斯鸠就是这种智慧之一。

我曾经说过我认为存在于孟德斯鸠政治学上的基本缺点：就自然禀赋方面论人类，他把人类的平均水准放得比实际高了一点。一个立法者要推动人群，向他们的全部智能、全部道德去迈进，哪怕是利用一点幻想去引诱，这都不是坏事，但是他心里应该有个数儿，知道在哪些条件之下这种推进才是可能，因而相应地做些事先准备。可孟德斯鸠不但没有足够地提醒他的读者，甚至也没有足够地提醒自己。他曾就近观察过英国人的政府，连它的阴暗面都看到，他却把这政府描绘得那么美，似乎就不曾在心里问一问这些画幅在法国会产生出什么效果。诚然，就连路易十五世的君主政府他也不愿它垮台；他认为它有议会调剂着，可以就本身谋改进："我生来没有诽谤的精神。"他说，他离革命的精神当然相差太远了。他在这方面，远不像卢梭，他要每人读了他的书之后，能获得些"新的理由去爱他的职责，爱他的君主，爱他的祖国，爱他的法律"；然而，他却丝毫没有顾虑到，他向国人的想象力提出的那种比较，将会产生出什么结果。在《论法的精神》里，孟德斯鸠似乎忘记了：人，法国人，始终是他在《波斯人信札》里所曾看到的、描绘过的那样，并且，尽管他不断地、带着善良的信心谈着温和主义的政府，殊不知这种温和主义不是那种可以随便移植来的品质。这一点，他心里却想得不够。

无疑地，人们可以在孟德斯鸠的书里引出某一章，他在里面警告着法国的立法者，说不能把一切都完全改掉，说应该多么当心、丝毫不要改变一个民族的总精神[57]；他把法国人比作雅典人，暗示着他们应该保持本色，连同优点和缺点都在内。但是，就是在这里，孟德斯鸠也仿佛是一个雅典人不自愿地向雅典夸耀着斯巴达，然后，他尽管大声疾呼地告诉国人：不要学它呀！而国人却不久都争着要仿效李居格[58]的法式了。

一个人读多了孟德斯鸠，如果他是一个法国人的话，你就会起一个念头："他仿佛在，"一个敏锐的批评家[59]说，"教人家制造帝国的艺术。人家听着他说，就以为学到这个艺术了，于是，人家每一读他，就想建造一个帝国来试试看。"孟德斯鸠对读他的作品的人们把下面这句话说得很不够："要想以这样的思维力、以这样的连贯性来考察历史，要想把历史推论得那样自由自在、那样眼高于顶，你们不是，连我自己也不是政治家。"《论法的精神》的最初一句话和最后一句话都应该是："政治绝不是从书本里学得来的。"

我们大家的头脑都是庸常之流，要是我们犯下那种大错误和大疏忽，没有痛苦的经验就不能觉悟过来，那倒是再自然不过、再简单不过的事。但是，挺起身来做我们向导的立法者和天才要是自己在某一程度上也犯下同样的错误，或者他仿佛一点也没有怀疑到人家会犯这样的错误，那就要算是薄弱的一面了，算是一种有欠审慎了。让-雅克·卢梭是不怕闹起革命的，他只是大胆和冒昧；但是孟德斯鸠是不要革命的，他可是有先见之明呢！

《论法的精神》本来是怎样的一种书我们就拿它当作怎样的一种书去看罢，也就是说当作思想和文化的作品去看罢。孟德斯鸠之美，美在书背后的那个人。我们不应该要求这部书有更多的方法，更多的连贯，在细节上有更多的精确性和实际性，在旁征博引和想象力上有更多的节制，我们不应该要求这一切超过它实际所有的东西。我们应该在书里看到那种温和的、爱国主义的和人道主义的性格，作者把这个性格灌注在所有那些美好的部分里，用许多高尚的话表达出来。他有许多嘉言，移用到别的地方就足使全篇生色。正是在这个意义上他有理由说他的题材是无上尊严的，并且说"我不相信我完全没有天才"。处处，在人们引得太熟的那些美妙的地方，我们都感到他这个人，感到他热盼着公民的真正自由、真正道德，这些东西，都是他在现代人中绝对不曾见到过的完美形象，是在书房研究中对着古人的塑像清清楚楚地想出来的。

《论法的精神》这部书已经没有其他的用途了，只有这样一个永久的高贵的用途：就是把人类精神送到历史的崇高境界，产生出大量的美妙讨论。在习惯上，在自由而温和的政府这一类问题上，人们还会继续在书里找到些普通的启发和值得记忆的文章。至于神乎其神的预言嘛，爱这种预言的人们尽可以在这书里去寻觅。人事的圈子转弯抹角的地方太多，永远不能说它已经兜完了、结束了，这种人事的圈子似乎已经多次证明过孟德斯鸠对或不对的地方。谁要是在这圈子里不是看到变化无穷，而是看到他所预告的某种秩序的证实，那才真是有本领、有信心哩。

《论法的精神》刚一发表就激起很大的喧嚣，这种喧嚣还只是它在思想界行将引起的那个革命的先声。书的成功先只在思想界的少数精华人物中肯定下来。"我听到，"那卓绝的作者说，"几个黄蜂在我的周围嗡嗡地叫着，但是，如果蜜蜂来在里面采点蜜，我也就于愿足矣。"孟德斯鸠还活了六年：他本是未老先衰的。他有一天对小徐阿尔[60]和其他听他谈话的人说："我完了，我，我的烛芯全烧尽了，我的蜡烛全灭了。"差不多与此同时，他写出了这样一个含有高尚而宁静的愁郁心情的思想："我本来想把我的《论法的精神》的某些地方增加些宽度和深度，我现在无此能力了；我看书把我的眼睛看坏了，我觉得我剩下的这点光明只是我瞑目之日的曙光。"

我们也可以感受一下孟德斯鸠的谈话：在他为答复《任色尼派日报》（因为他是最易受批评刺激的）而替《论法的精神》写的那篇《辩护书》里，临了有极生动的一页，据达朗拜尔说，很可以代表他谈话时的神情。他谈话的方式是活泼的，时断时续的，起伏不平的，形象化的。马孟台[61]曾注意到，他宁愿让人家把球打来以便在跳起来时接住；他生来就是很便给的。他谈到某些狭隘的批评家以门户之争、宗派之见来攻击一部大著："这种批评方式，"他说，"是最足以缩小民族天才的幅员、减低民族天才的累积的……在任何事物上都罩上一件神学博士的长袍，没有比这个更能窒息学说了……你怕说得不好，心里发慌，你就不能用心说好……人家在你头上扣上一顶小花帽子以便你每说一个字时都对你说：'当心跌跤啊！你要照你那样说，我却要你照我这样说。'你要起飞吗？他就拉住你的袖子。你有力量、有生气吗？他就把你用针钉住，叫你力量、生气都没有了。你想升高一点吗？就有些人拿起他们的木尺或皮丈，抬起头来，嚷着要你下来，以便量量你的身材。你在你的跑道上跑吗？他们倒要你看看路上蚂蚁堆起的全部石块。"

这一番话，你再加上他保留的那点嘎斯干的口音，你就仿佛听到孟德斯鸠谈话了。在这一连串滚动的形象之火里，你又像在读蒙田。

"他那谦虚而自由的风度，"一个与他同时代的人[62]说孟德斯鸠，"就像他的谈话。他的身材很匀称。虽然有一只眼睛几乎完全瞎了，而另一只本来一直就很坏，人家却一点也不觉得；他的面容兼有和蔼与高尚的表现。"他的瘦长的面孔很清秀，道地是他出生地区的模样，保尔多省人的模样；侧面像的线条很明晰，风格俊美，仿佛生来就是为着做纪念章的。

孟德斯鸠在社会上不肯参加当时气焰高涨的那些小集团；

人们曾记下饶弗兰夫人和硕纳公爵夫人（Duchesse de Chaulnes）对他的评论，这两位夫人都是很喜欢利用她们所见到的人而拿他们任意耍着玩的。饶弗兰夫人把孟德斯鸠描绘成一个粗心大意的人，"连自己人的名字都不知道，有个包车响得和街头出租的破马车一样，等等"。硕纳夫人说："这个人爱在社交场中著书，他把社交场中的一切报道都记在脑子里。他不和生人说话，除非他认为可以获得点有用的知识。"她还说："那又有什么用呢，天才？"孟德斯鸠对两位夫人的话都有过答复，当他在《思想录》里说："我欢喜我能以日常智慧应付过去的那些人家。"这是答复硕纳夫人的。他又说（这是对饶弗兰夫人的）："我倒不讨厌人家把我当作粗心大意的人，这就使我敢于疏忽，否则我的疏忽会使我感到很窘的。"

这位高人一等的智慧者曾不自愿地产生出了或掩护出了那么多的"半孟德斯鸠"，这些"半孟德斯鸠"平时又都那么断断然、神气乎也的，而他自己呢，却是谦德的化身："谦虚的人们啊，"他在《波斯人信札》里叫道，"来罢，让我拥抱你们！你们是人生的醇醪，是人生的乐趣。你们以为你们什么也没有，我却偏说你们有着一切。你们觉得你们不使任何人惭愧，而事实上任何人都愧对你们。当我在心里拿你们和我到处看到的那些唯我独尊的人一比，我就把他们拖下宝座，放到你们的脚前。"他非常浑朴，竟以为自己曾忽于扬名显姓、光大门庭。"我承认，"他说，"我有足够的虚荣心去希望我的孩子们有一天会发达；他们将必须拿出充分的理智来才能想到我而不羞惭，他们将必须有充分的孝敬之德才能承认我是他们的先人。"就是这样，他相信，比方罢，如果他的孩子们中间有一个当了部长、司法大臣或类似的官职，像这么大的一个人物有个父亲或祖父像他那样只写过几部书，该是多少尴尬的事啊！这一点也是谦虚太过了，或者是人们难以理解的一种偏见的残余。

　　孟德斯鸠于1755年3月10日卒于巴黎。他临终时那些情况以及预兆死亡的那些呓语，都是人们常常说过的了。人们还很少知道的就是他出殡时几乎无人送葬；狄德罗（据格林记述）是所有文学家中唯一来执绋的人。18世纪不久就会团结得和一个人一样，带着宣教的狂热前进着，在布封的庄严殡仪中全体跑来作终点的聚会，但是在孟德斯鸠死的时候还没有募集起来，甚至还没有站立起来哩。

附　录[63]

一个与孟德斯鸠同时代，而在他的问题上人家几乎不敢引证的人，那轻薄的瓦兹农长老[64]，关于他却说过几句很真切的妙语："他为人父，是太好了，以至于相信他的儿子比他强。他为人友，既和婉而又信实。他的谈话和他的作品一样练达。他愉快而又慎思。他会推理，而同时又善于谈吐。他极端粗心大意：有一天他从枫丹白露（Fontainebleau）出发，叫包车在前面走，以便自己跟在后面步行一小时，活动活动身体；他一直走到维尔瑞夫（Villejuif）还以为才到沙意（Chailly）哩。"还有加拉（Garat），在他记徐阿尔生平的《见闻录》里，曾描写孟德斯鸠在他的拉伯来德庄园里的生活情况："在那些英国式布置的草场、泉水与树林之间，他从早跑到晚，头上戴着一顶白纱线睡帽，肩上搠着一根架葡萄藤的长桩；来代表欧洲给他致敬的人们不止一次地把他当作一个种葡萄的农民，尔尔我我地问他那里是不是孟德斯鸠的府第。"所有的记载都是一致的。一个有身份的英国青年，查理门爵士（Lord Charlemont），和一个朋友一起到了保尔多，被孟德斯鸠邀请到拉伯来德去看他，他在《游记》里叙述这次拜访说："亲爱的情人第一次的约会也不能比这个赏光的邀请更使我们兴奋得整夜睡不着觉。第二天早晨我们出发得那么早，以至于我们到达时他还没有起床。仆人把我们带进图书室，第一件东西呈现给我们的好奇心的，就是桌上摊着一本书，可能是头天晚上他坐在那里看的：熄了的一盏灯还在旁边。我们急着要知道这位大哲学家夜里阅读些什么书，便立刻跑到书那里去：原来是奥维德全集的一本，里面是《悲歌》，翻在这位恋爱大师的最风流的一页。我们正惊讶不止哩，一看到院长进来更惊讶了，因为他的外貌和风度和我们平时所想象的完全相反：他不是一个庄重、严厉的哲学家，否则的话，他在面前会使像我们这样的小孩子惧怯的，向我们说话的人却是一个愉快的、有礼貌的、充满活泼劲的法国人，他说了千千万万好听的客气话之后，对我们惠然光临表示千千万万的谢意之后，就表示希望知道我们愿不愿和他一同进早餐。我们婉谢了（因为我们在路上吃过）。'那就来罢，'他对我们说，'我们一同散散步；今天天气好，我想请你们看看我怎样努力在这里实现贵国的风味，怎样依英国方式布置我的住所。'我们就跟他去了，在农舍那边，我们一会儿就到了一个漂亮的小树林边缘，树木都砍伐成林荫通道，四周是木栅围着，入口是一道栅门，约三尺高，挂着一把大锁。'来罢，'他摸了摸衣袋之后说，'用不着候钥匙；你们一定也能，我相信，和我一样地跳，这道栅门难不倒我。'这样说着，他就跑向栅门，一跃而过，矫捷无比。我们就跟着他跳过去，心里很惊讶，同时看到这位哲学家竟不嫌变成我们的耍伴，私衷不无欣幸。"在巴黎，查理门爵士又见过孟德斯鸠，特别惊奇的就是看到他在太太们面前殷勤备至。最后，还有日内瓦的博物学家特兰伯雷（Trembley），他曾在英国遇见过孟德斯鸠，后来在法国被他邀请到他的拉伯来德庄园里去看他。这个细节是赛尤（Sayous）先生供给我们的，赛尤说特兰伯雷把他和这位绝妙的伟人在一起过的三天算作他生平过得最有滋味的日子。那是 1752 年秋天："我无法向你形容，"他写信给包内[65]说，"我亲爱的朋友，我无法向你形容我在这作客期间所尝到的那些乐趣。我听到多少美妙的、多少惬意的事物啊！我们的谈话都是从下午一点钟起直谈到夜里十一点钟才止，你要想想我们谈些什么吗？有时你会听到我们谈论最高深的问题，有时你又会听到我们为一个有趣味的故事而放怀大笑。我们还谈论到一些问题使我们想到你。我跟孟德斯鸠先生大谈农业问题。如果令妹知道他对田园生活是怎样想的，她一定会很自豪的。在我们关于这个问题的谈话中间，他曾高声朗诵 O fortunatos![66]并且说：'我常想把这些话刻在我的门楣上。'"

注释

1 瓦克纳（Walckenaer, 1771—1852），名传记家，曾写《拉封丹传》《赛维妮夫人传》。

2 见《欧洲文学资料》（1804）第二册第 301 页。——原注

3 白吕塔克（Plutarque, 45？—125？），希腊史家兼道德学家，有著名的《希腊罗马名人合传》传世。

4 马克奥来尔（Marc-Aurèle, 161—180 在位），罗马最有德行的皇帝，爱好文艺和哲学，有《思想录》传世。

5 高林特（Corinthe），古希腊名城。

6 卜林或小卜林（Pline le Jeune, 62—约 120），古罗马文学家，有著名的《函札》传世。"见小卜林的那封高贵的信，第八卷第二十四函。"——原注

7 拜尔维克公爵（Duc de Berwick, 1670—1734），法国名将，少年得志，累功至法兰西上将军。

8 达盖索（D'Aguesseau, 1668—1751），法国名司法家，久任司法大臣，以诚笃公正著称。

9 培根（Bacon, 1561—1626），英国大哲学家，曾任司法大臣。

10 众神祠（Panthéon）和斗兽场（Colisée）都是古罗马的伟大建筑，现在还留有遗堵。

11 "君临一切的人民"（peuple-roi），直译应为"人民一王"或"称王的人民"，指罗马人民。

12 达朗拜尔（D'Alembert, 1717—1783），法国著名的哲学家、数学家兼文学家，《百科全书》的创始人之一，最重要的传世之作就是他写的《百科全书绪论》）。

13 见《批评研究集》，迈耶（Maurice Meyer）著（1850），第174页；迈耶先生曾写过一本书，论《波斯人信札》。——原注

14 克勒比荣（Crébillon），父（1674—1762）、子（1707—1777）二人。老克勒比荣系悲剧作家；小克勒比荣专写淫荡的艳情小说。

15 孟德斯鸠的信仰和包立卜（Polybe，约前200—约前118，希腊历史家。——译注）一样。包立卜把宗教思想对罗马人道德的良好影响说得太透彻了："因此，古人使民间相信有神祇存在，是十分有道理的……"——原注

16 特端港（Tétuan），在非洲北部摩洛哥境内。

17 欧里庇得斯（Euripidēs，约前480—约前406），古希腊三大悲剧作家之一。《希波利特加冕记》（*Hipplyte couronné*）是他的一篇著名悲剧，写希腊神话中英雄希波利特被后母谗害后流亡海国，濒死遇救。狄安娜（Diane）是大神朱庇特（Jupiter）之女，终身不嫁，专司射猎，为山林女神之王。

18 托生为人的天主（Homme-Dieu），指耶稣基督，直译应为"天主一人"。

19 南特诏书（Édit de Nantes），法王亨利四世所颁（1598），意在保护新教徒。1685年路易十四世撤销，多数新教徒流窜国外，法国在国力上大受损失。

20 法国天主教内部耶稣会与任色尼派斗争甚久，1713年罗马教皇以圣谕（La Bulle Unigenitus）申斥任色尼派，很多总主教不肯接受圣谕。

21 萨伦特（Salente），古代大希腊（即原始意大利）城市，孟德斯鸠曾描写为自由的乐园。

22 拜占庭（Byzance），东罗马帝国首都，以宗教自由争论著称；皇帝亲自临城杀敌时，僧侣们还在争辩教义。迦克敦（Chalcédoine），小亚细亚的一座古城，这里曾举行多次宗教会议，以451年禁止"耶稣一格论"的那一次最为著名。

23 克尼德神庙（Temple de Cnide），古希腊祀美神维纳斯（Vénus）及其子爱

神丘比特（Cupidon）的神庙。

24 "他很欢喜女人。"瓦兹农长老曾说。长老又加上这样调皮的一句，我照引来不加解释："《克尼德神庙》曾使他享到些艳福，但有个条件：勿为外人道也。"——原注

25 佛班（Vauban，1633—1707），军事工程家，法兰西上将军。法国人通常都说："佛班攻城，攻无不克；佛班守城，坚不可摧。"晚年定均税计划，被路易十四世谴谪。

26 加迪纳（Catinat，1637—1712），法兰西上将军，路易十四朝名将，士兵称之为"思想之父"。

27 杜伦（Turenne，1611—1675），法兰西上将军，路易十四朝名将，能谋善战，立功最多，为人谦虚淳朴，朝野一致称誉。

28 欧仁亲王（Prince Eugène，1663—1736），皇军名将，当时最大的军事家之一。

29 包恩法尔（Bonneval，1675—1747），法国将军，先投奥地利，后投土耳其，任总兵（pacha）。

30 极司非尔爵士（Lord Chesterfield，1694—1773），英国政治家兼作家，著有《训子函札》。

31 华波尔（Robert Walpole，1676—1745），英惠格党（Whig）首领，久任大臣。

32 原标题是《孟德斯鸠（续完）》，1852年10月25日发表。

33 马加威尔（Machiavel，1469—1527），意大利著名的历史家兼政论家。

34 圣勒阿尔（Saint-Réal，1639—1692），法国历史家。

35 博叙埃（Bossuet，1627—1704），法国著名的宗教演说家，著有《世界史通论》。

36 罗木鲁斯（Romulus），传说中的罗马开国君主。

37 塔西佗（Tacitus，约55—约120），著名的拉丁史家，立论严正，文笔

遒劲。

38　萨吕斯特（Salluste，前86—前34），著名的拉丁史家，以记载翔实、文笔凝炼见称。

39　法文出于拉丁文，几百年发展的结果，字义多有变易，一面扩大，一面柔化，语法也逐渐弛松。这几段论孟德斯鸠用字喜从古义、恢复拉丁文的凝炼，无法译出，只得求其近似。

40　迦陀（Caton，前95—前46）和白鲁杜斯（Brutus，前85—前42），均为反对恺撒独裁、身殉罗马自由而自杀。

41　卢比公河（Rubicon），意大利本土与高卢（Gaule）交界处一条小河。元老院有令，带兵越过卢比公河进入意大利本土者，人神共弃之。恺撒为攫取政权，不顾元老院的传统命令，带大军越过卢比公河，直抵罗马，建立独裁政权，共和政体自此消灭。其继承人奥古斯特（Auguste）正式称帝，罗马自此成为帝国。

42　奥克塔夫（Octave），即奥古斯特称帝前的名字。

43　阿尔伯罗尼（Albéroni，1664—1755），意大利人，曾任西班牙首相，手腕灵敏的政治家。

44　西拉（Sylla，前136—前78），古罗马贵族党领袖，经过酷烈斗争后，取得罗马政权，修改罗马宪法，使之有利于贵族院。孟德斯鸠在这篇对话里专论西拉的政治。

45　大卫（David，1748—1825），法国画家。大革命时期为美术独裁者；帝国时代为拿破仑的画师。他的画派称古典派，亦称学院派。

46　艾季荣公爵夫人（Duchesse d'Aiguillon）和居德芳夫人（Mme du Deffand）都是当时著名的沙龙主持人。

47　达让逊侯（Marquis d'Argenson，1695—1757），外交家兼作家，曾任外交部部长。

48　法文"esprit"一字意义甚多，可作"智慧""精神""才调""黠才""聪明劲"等不同的解释。这句话就是利用两种不同的解释构成一个双关语。

49　季本（Gibbon，1737—1796），英国历史家，著有《罗马帝国盛衰史》。

50　格罗丢斯（Grotius，1583—1645），荷兰法学家兼外交家，以《战争与和平的法权》一书著名。

51　毕封道夫（Pufendorf，1632—1694），德国法学家兼政治家。

52　巴拜拉克（Barbeyrac，1674—1744），法国法学家兼哲学家。

53　洛克（Locke，1632—1704），英国著名哲学家，其《人类理解论》为古典哲学名著。

54　华波尔（Horace Walpole，1717—1797），前英国政治家华波尔之子，文学家，批评家，居巴黎甚久，和法国"百科全书"派往来甚密。

55　"碧野丽得"（Piérides），司文艺的九女神之别称。初意是指碧野鲁斯王之九女，善歌唱，曾与文艺女神赛歌。"碧野丽山（Mont Piérie）的贞女们"又自"碧野丽得"一词转化而来。

56　有人说居班不是这篇辩驳的作者，说他是从当时的另一个文人手里得来的。人家并且说，孟德斯鸠一知道这篇辩驳就非常着急，跑去找彭巴杜尔夫人（Mme de Pompadour，路易十五世的宠妃。——译注），使得这篇辩驳停止出版，"一版书完全砍毁了，"商佛（Chamfort）说，"只救出五本来。"这段轶事会有损于孟德斯鸠的性格的，佛勒龙（Fréron）在《文学年刊》里也提到一下，我总觉得有些可疑。居班在他的序文里说，《论法的精神》一出版，他就和两个朋友一起一面读着一面考订；他还说，那些"意见"印出来不是公诸大众的，只是为了给若干朋友去看，所以印数很少。像这样，商佛的恶意解释就站不住了。——原注

57　特别参阅第十九卷第五章，这样起头："如果世界上有一个民族，性喜社交，等等。"——原注

58　李居格（Lycurgue），传说中的斯巴达最初立法人。

59　茹拜尔（Joubert）先生。——原注

60　小徐阿尔（Suard le Jeune, 1733—1817），法国文学家、批评家兼报栏作家。

61　马孟台（Marmontel, 1723—1799），法国文学家，《百科全书》文学编辑人。

62　是莫伯追。——原注

　　莫伯追（Maupertuis, 1698—1759），法国几何学家兼博物学家。

63　原文末尾有一条很长的附注，大概是作者编辑成书时加上的，特加"附录"二字以资醒目。

64　瓦兹农长老（Abbé Voisenon, 1708—1775），法国诗人兼小说家，善诙谐，为伏尔泰好友。

65　包内（Bonnet, 1720—1793），瑞士哲学家兼博物学家，生于日内瓦。著有《论有机体》及《死后还魂的哲学观》。

66　拉丁大诗人维吉尔的一句名诗。(《田园诗》第二章第一首开端，"太幸运了，田园的人们，如果他们知道自己的幸福！")

伏尔泰 *

注释

* 伏尔泰（Voltaire, 1694—1778）是法国 18 世纪最伟大、最进步的文学家和思想家之一，兼擅诗与散文，在各种文类中（悲剧、小说、历史、批评、史诗等）都有卓越的成就；他在法国王权和教权腐烂时期，毕生为自由思想和进步思想斗争，其影响遍及全欧，既深且长。圣伯夫专题或附带评述他不下三四百处，但是没有一篇或几篇较完整的、综合性的肖像。他的选集《法国文学》的编者韦尔茂特（Wilmotte）曾自十五册《丛谈》、两册《新丛谈》、一册早期《月曜日》中取出最扼要的一些片段，辑成伏尔泰的一篇《尽可能不太零碎的肖像》，载《圣伯夫：法国文学》第五册。我们这里采用的就是这一篇。

I 青年时代

伏尔泰在呼唤我们了。马莱[1]从他初入世的时候起就密切注意着他，不带什么太明显的成见，不加可否。他用的语言视情况而变更。他仔细地记下他的初期的一些成功和他常触到的许多霉头，却没有疑心到这样一个人会成为，并且正准备成为拜尔的伟大继承人和代替者。这一点最足以使我们看到：在同时代的人之间，你尽管是绝顶聪明，也不能从近处准确地判断一个人或看清一个天才、一个命运的发展路线。下面是在他的笔下第一次谈到伏尔泰的地方：

> 新《俄狄浦斯》（Oedipe）的作者，诗人阿卢外（Arouer），和恭迪亲王（Prince de Conti）一起坐在法兰西

喜剧院里的时候，女演员勒古福乐尔（Le Convreur）出台了。亲王一见她出来就鼓掌，全场立刻也就鼓起掌来。阿卢外对他说："大人，你原没有想到你有这样大的号召力吧。"这个阿卢外是个很会作诗、很有天才的青年。他的《俄狄浦斯》成功了。他还写了另一个剧本，不曾获得任何成就。他有讽刺之才，常和宫廷人物在一块混，作些小歌曲，曾有一时期关进了巴士底狱，因为人家怀疑他作了些歌谣骂摄政王。他曾想用几封信为自己辩护，这些信都印在他的《俄狄浦斯》剧本一块，他在这些信里大胆地批评了莎芙克尔的《俄狄浦斯》，高乃依的《俄狄浦斯》，连他自己的这一篇也在内。他曾遇到比他更明理、更精确的批评家，但是人家不能否认他的诗里那种自由的、俊俏的乃至雄辩的风致。他是前验契员兼税务所香料税征收员阿卢外的儿子，这位征收员对儿子的诗癖始终没有办法医得好。儿子已经改姓了，现在叫作伏尔泰。他正在以亨利四世为题写一首史诗，把全部"同盟"史都包括进去；人们把这部史诗当作奇迹一般地谈着。

以一个古典派的老律师谈一个新进的文才，开始得不算坏了：他没有什么成见。马莱将继续很仔细地、很警觉地注视着伏尔泰，并且有深切了解他的荣幸，至少了解他的前半生，即作诗的半生。关于这位横冲直撞的才子因历次语言的失检和过火而招来的烦恼事件，我们还从他的笔下获得了若干详细记载：

　　（1722 年 7 月）——诗人阿卢外，现称伏尔泰，走到
赛佛尔（Sèvres）桥上，坐在轿车里，被一个军官拦截
了，军官用棍子把他狠打了一顿，脸都打破了。几天前，
阿卢外在凡尔赛曾遇到过这位军官，并用故意使他听到的
声音，说这军官是个坏蛋，是个密探。军官当时就告诉他
说他将要后悔莫及，这次算是实践了诺言，用棍子还了债
了。有人说这一向大胆的阿卢外曾有一天碰到这军官在作
战部大臣勒·伯朗（Le Blanc）先生家里吃饭，他就对
勒·伯朗先生说："我早知道人家对密探是给钱的，还不
知道他们的报酬是在大臣家里吃饭哩……"据阿卢外说，
这军官就是两三年前密告他、使他被关进巴士底狱的人。
我知道，这军官曾把他的心意告诉勒·伯朗先生，甚至于
连要揍诗人的意思都说了，勒·伯朗先生对他说："你做
去好了，可不要让人家看见。"

　　在那时代，武器相等也和地位相等一样，都不是被人们接
受的规矩。像这样的凶殴，马莱叙述时没有一点愤慨的语气，
这样愤慨只是到后代才有的。他仿佛承认，诗人不管是作歌谣
的或是说俏皮话的，都是可以随随便便凭着高兴去棒打的。就
社会地位说，诗人当时是一种与戏子相当的人物；他叫人家笑
乐。人家都瞧不起他。"诗人是个坏行业，不是饿死就是上吊

台。"这还是马莱的一句话。

> 除非那些刻薄鬼和他们徒孙徒子
> 一个个地头朝下栽到河里去吟诗[2]

这种不幸的遭遇在他看来不算严重，和孟多协的看法一样。他在这种事件里所见到的只是谈笑之资。他不管谈什么，都扯到这个题目上来，带着一种幸灾乐祸的喜悦：

> 我听说（1722 年 9 月），诗人阿卢外到布鲁塞尔去看卢梭，并对诗人挨揍问题和他作和平的会谈去了，他行前向居波瓦（Dubois）大主教告辞时，对这位大臣说："我请求阁下不要忘记，以前瓦居尔一流人物是有李施略一流人物保护着的。"他比瓦居尔还差得多哩，就这样大胆地与瓦居尔并驾齐驱了。大主教回答他说："要找到瓦居尔之流是容易的，要找到李施略之流就难了。"

说伏尔泰比瓦居尔还差得多！但是，你要想到，这是在开始的时候说的话。如果我们把马莱对伏尔泰的那些初期的评判一一记下来，我们要不断地纠正着；马莱在他的预测里毫无把握，他只在摸索。有一天，他拿伏尔泰和小拉辛作比，他一面赞美着小拉辛咏"天恩"的诗，一面预告着正在荷兰印刷的《咏同盟之乱》或称《亨利亚德》（*Henriade*）（1723 年 12

月）：

"如果这首诗能和拉辛的诗一样美的话,"他说,"我们就会在他们身上发现两个伟大的诗家,但同时也发现两个渺小的人格,因为,这位拉辛,我见到过两三次,在谈话中只有个轻浮的、缺乏风味的头脑,而另一个又是个菲薄莎芙克尔与高乃依一流人物的狂人,他自以为是宫廷人物,却招来左一顿右一顿的棒打,他将永远是什么都不知道,因为他以为是什么都知道的。"

过了几年,伏尔泰地位高了,出人头地了,人们在马莱给布业(Bouhier)院长的一封信里读到下面的一段文章,叙述着赛佛尔桥那一幕的重演;那就是和罗安(Rohan)骑士闹的那轰轰烈烈的一幕,可以说是无人不知、无人不晓的。我们现在再看看马莱的说法也好(1726年2月6日)：

　　伏尔泰挨了一顿揍。事情是这样：罗安骑士在歌剧院里碰到他,对他说:"伏尔泰先生,阿卢外先生,你究竟叫什么名字?"他就借鲨白[3]的名字不晓得说了些什么,事情也就过去了。两天后,在喜剧院的暖室里,骑士又问,诗人说他在歌剧院里已经作答了。骑士举起手杖,不打下去,说只有用棍子来回答他。勒古福乐尔小姐突然晕倒了；大家都跑去急救；争吵就停在那里。又过了两三天,骑士叫人通知伏尔泰说徐立公爵(Duc de Sully)候他吃晚饭。伏尔泰就去了,丝毫不知道是骑士派人通知的。他晚饭吃得倒很好；一个仆人来报告说有人找他；他下楼了，走到门口，看见三个人手里拿着大棍子，在他的肩膀上和胳臂上好好地请他吃了一顿。据说，骑士就在对面的店面里看着这顿揍。我们的诗人叫得像鬼一样，拔出剑来，又回到徐立公爵的楼上，公爵也觉得事情太粗暴、太不成话了；他又到歌剧院去把他的遭遇诉给卜丽夫人（Mme de Pric）听，那时夫人正在歌剧院；他又从歌剧院跑到凡尔赛，现在他正在凡尔赛候人处理这个颇近暗杀的事件哩。但是那些暗杀性的讽刺诗可能使人家觉得这个事件是情有可原的。

过了几天，马莱谈到外面流行的骂冯特奈尔的一首阴毒的讽刺诗时又说：

这诗比打几棍子还厉害。人们不再谈起伏尔泰的那顿揍了，他自己还在记着。大家还记得奥尔良公爵的那句话，他要求这位亲王为这一顿狠揍主持公道，亲王回答他说："人家给你的正是公道待遇呀。"伯洛瓦（Blois）主教曾说："若是诗人们没有肩膀，我们就真倒霉了。"还有人说，罗安骑士在人们下手的时候坐在一辆车子里，向打手们叫道："不要打他的头呀。"围着看的人都说："啊！这位大人真是好心啊！"那可怜的挨揍者尽其可能往宫廷里跑，往公馆里跑，但是没有人同情他，连他原以为是他的朋友的人都把背心对着他了。外面谣言诗人洛瓦（Roy）也因为一首讽刺诗挨了一顿棍子……总之，我们的诗人都是这样（如贺拉斯所说）："怕挨棍子才老实下来，才知道做到娱人为止。"

实际上伏尔泰当时还不只是到处跑，他还要找罗安骑士算账，手里拿着剑，像个好样的，罗安骑士想法子叫人把他关到牢里了：

（1726 年 5 月 3 日）伏尔泰关进巴士底狱了；他脑子里老是有他那个傻念头，要追罗安骑士，罗安骑士当然不那么可惜他去坐牢的。真是巴士底里的三个活宝：邓桑夫人、马尔公（Margon）长老（一个讽刺狂者）和伏尔泰。

那时代作家稍微自由一点，处境就是如此；他尽可以有些不对的地方，甘心乐意地讨苦吃：但是像这样懦怯的粗暴，用暗算来报复诗人，事后又躲掉一切合法的偿补，这话怎样说呢?[4]

Ⅱ 留英及以后

　　《未刊函札汇编》对于伏尔泰1726年离开王国和在英国退隐的那一段生活，提供的新材料不多，而他留英的那一段生活又是对他的思想教育有决定性作用的。他过去常见到包林伯洛克[5]，在巴黎见到又在奥尔良附近的包氏泉水田庄上见到，他和他的谈话应该对于这种思想教育早有准备了；但是到英国亲眼看到的那种新鲜景象似乎超出了他的预料，他在英国遇到的那群哲学家和自由思想家所给他的印象比政治事务和宪法作用所给他的印象还要多，这种印象对于他是深刻的、不可磨灭的。伏尔泰的这一段生活，这三年的钻研与沉默，开始时他只是堂堡区的浪荡子和最可爱的社交家，结束时他是个人，是个哲学家了，这三年生活始终是相当地无可稽考、神秘难知，正因为他是在沉默中度过的。人们在他与法克纳骑士（Chevalier Falkener）的通讯中只隐约看到他在英国曾发生过一些极紧密、极重要而缠绵的关系，并且他对这些关系又保留下了极亲切、极持久的回想。我觉得伏尔泰的一生之中，只有这一个地方还使人感到有详细搞清楚的必要。聪明才智之士都有那么一个时间、一个境地，在此以前还只是青少年，到了此时此境，就完成了，成熟了，变成壮年了。英国对于伏尔泰来说，就是这种境地。他从英国回来时在修养上已经是定局了，他带回了一套思想的底子，这个底子他后来增加的并不多，他又带回了一种精神特征，这个特征他以后也就不再丧失了。

　　下面的这封信在新的"汇编"里是放在 1724 年的，我最初曾以为它是在 1726 年写的，在伏尔泰刚和罗安骑士闹过纠纷，准备离开法国，或至少离开巴黎，且在他被关进巴士底之前写的：信里有一种语气使我觉得正好暴露着他在一生最痛苦的危迫关头的心境。原函如下：

　　致伯尔涅尔夫人（Mme de Bernières），

　　我曾极度危急；我只候我身体好点就永远离开这个地方。记住你曾对我表示的那种缠绵的友谊罢；基于这个友谊，请亲手写几个字告诉我现在发生的情况，或者口说给我派来的人听，他是你可以完全信任的。为我向居德芳夫人致敬。告诉狄里约（Thieriot），我绝对要他爱我，或者当我将来已死之后，或者当我将来得意的时候；在此以前，我原谅他对我那样的漠不关心。告诉代萨乐尔骑士（Chevalier Des Alleurs），我永不忘记他对我的那些慷慨的做法。请相信罢，尽管我看破了人类友谊的虚妄，你的友谊对于我来说永远是宝贵的。我只是为着能见你、能再拥抱你一次，能向你证明我在我的友谊和我的不幸中还能坚贞不渝，才希望再回巴黎。

但是，仔细研究全文之后，"我曾极度危急"这句话也许更恰当地是指 1724 年他在佛尔日（Forges）矿泉区疗养后确实生过的那一场病，而不甚恰合于罗安骑士那次卑鄙的暗算所把他造成的那种处境。因此，关于他在对于他这样严重的一个时期的心境，我们还只有参考这唯一的文件，这封载在《通讯总集》里的致狄里约函，其中可以读到这样几句高贵的话：

> 我还很难确定我是否要退隐在伦敦：我知道那地方一切文艺都是被尊崇的、被奖励的，那地方有些地位上的不同，但是在人与人之间没有别的高低，只有贤愚的差别。那是一个可以自由地、高贵地思想着的地方，不受任何奴性顾虑的束缚。如果我能按照我的心意去做的话，我要定居的地方就是在那里，唯一的愿望就是去学学怎样思想。但是我这点财产已经被太多的旅行消耗不少了，我的坏身体现在比以前更差，再加上我对极端安静的嗜好，我不知道这一切能不能容许我去投入怀特郝尔（Whitehall）与伦

敦的喧哗生活。我已经被很好地介绍给这个国家了，人家带着相当的盛情在那里候着我；但是我不能向你保证我会做这一个旅行。我这一生只有两件事可做了：一件事就是一到可能的时候我就去光荣地拼一拼，另一件事就是去到隐遁的无声无息中了此一生，这对于我的想法，我的不幸，我对世道人心的认识倒是很相宜的。

从英国回来后，持武器向罗安骑士求个人报复的念头早丢开了，伏尔泰试图局部地实现他的愿望的第二部分，虽不是在隐遁中葬埋他的一生，却至少把他的生命在隐遁中掩护起来，美化起来，只把精力的剩余部分，用能从窗口被风很快地吹出去的那种活页的形式公诸社会：他和沙特来（Châtelet）侯爵夫人结上了不解缘，因而就有他那寓居西来（Cirey）的生活阶段。他为着她、依着她而生活着。如果我们了解他的脾气、他的躁性子以及侯爵夫人的性格，我们就应该觉得他把他那种宿愿坚持得并不太坏，既然这段姻缘持续到十五年以上，只有死亡才使之中断。他在这段生活里是幸福的，尽管有过几次短暂的风波，并且还有若干内部的争吵，被泄漏出来，经好事者录为谈助。他真正是迷住了，他钦佩她，他宣称她是卓绝的，他觉得她美；在他写给法克纳的信中他欢喜把他的通讯地址写在她家里，写在西来府："那里，"他说，"住着一位青年贵妇，即沙特来侯爵夫人，我教她学会了英文的，等等。"然而，有三件事使我感到西来生活的美中不足——一个精敏的观察家曾说——首先是那种几何学和物理学的癖好，这于伏尔泰是很不相宜的，在他只不过是摹仿侯爵夫人而已，由于这个癖好，他离开了他的真正的天禀，离开了他所擅长的那些美妙的范围。其次是那些暴风雨的场面，那些家庭吵闹，骤然而来，忽然而去，但是滑稽得很，不管当事人如何隐讳，我们终究是知道了，曾使当今的一个批评家说：要不是看伏尔泰吵家窝子，他永远不会相信"持刀相向"一语竟然可能不是文学的夸张之词。第三就是，伏尔泰尽管做了府主，尽管在恋爱，尽管做了碰机会碰出来的物理学家和几何学家，却不可能改掉他那从神经末梢深入骨髓的文人习气；因而产生了他和书商的那些纠纷，产生了他为《处女吟》的抄稿而闹出的那些失眠、那些出奇的蹦跳［参阅格拉菲妮夫人（Mme de Graffigny）的函札］，产生了他对代风屯的那些鬼缠了似的狂怒和叫嚷以及那些巴黎谤书。的确，纵然是一个天堂，也要被这三件事搅翻了。

关于数学，关于伏尔泰为博取欢心而突然爱好起来的那个几何学，新《汇编》里给我们提供了几封信，都是一般读者只涉猎一下、看一眼就够了的。一个慧眼人却警告我，叫我当心，他一面解释着，一面叫我读下面的一段："既然我已经谈起来了，"伏尔泰写信给科学院的一个什么皮托（Pitot）先生说，"我还有个小困难，先生，要麻烦你解决一下。沙特来侯爵夫人几天前蒙她不弃和我一块读笛卡儿的《折光学》：我们俩都佩服他在入射角的正弦与反射角的正弦之间，据他说，找到了比例；但是同时我们又惊讶，他说角与角并不成比例，虽然正弦与正弦成比例。我一点也不懂；我就想象不到角的计量标准成比例而角却不成比例。我敢请你就这一点指教我的无知吗？""我的身体很弱，不能钻研数学；我每天学一个钟头就不能不感到很大的痛楚。"

为了他的身体，他原该有别的更好的事可做，不必勉强他那个机巧而敏捷的头脑去搞这些东西，这些东西，在人家给他讲解时，他自然都懂了，但是过一忽儿就忘记了，需要重学。此所以，很奇怪，我那位绝妙的警告人对我说，伏尔泰居然会惊讶正弦成比例而角不成比例；因为，几何学上的一个基本定理就是"圆上的弧与包含弧的圆心角成比例；但是，至于称为正弦的那条线，只是角的函数，它单独不够计量角"。比伏尔泰的惊讶更奇怪的就是那大名鼎鼎的侯爵夫人也搭在一起惊讶，她一向被认为是有相当实力的几何学家呀：一定是那一天她失去她的原理了，用斯达尔夫人那句警策而驰名的话来说："她现在正温习她的原理：这是她每年重复一遍的练习，否则它们会逃掉的，也许会跑得那么远，她一个也抓不回来。我相信她的脑子对于这些原理只是个拘留所而不是出生的住所：此所以得好好地看守着它们。"这句话样儿只像是句刻薄话；但是这里却是个证明。原理，有关正弦的原理，那天早晨搬家了。

而伏尔泰呢，这位在细节上那么步履蹒跚的人，一接触到总体就又拿手起来了；他属于那种精细而敏捷的头脑，这种头脑猜测的比知道的好，它们不耐烦去做一个稍长一点的证明，但是有时一眼就抓住一个高深的真理，于是乎它们就成功地把这真理表达出来，连科学家本身都为之倾倒。当年毕奥先生（M. Biot）讲他的那些极有趣、极叫座的物理课的时候，他常欢喜引《论牛顿哲学赠沙特来夫人》里这几句好诗作为光学理论的最忠实、最活泼的提要：

> 用一只奇巧的手，他给我们展开着
>
> 那个季节之星的辉煌瑰丽的黼黻；
>
> 宝石的炫红、澄翠，还有那纯紫、蔚蓝，
>
> 就是不朽的原料构成它灿烂衣衫。
>
> 它的每一条光线在它纯粹本质里
>
> 都具有种种颜色使自然斑斓如绘：
>
> 它们融合在一块就照亮我们双眼，
>
> 它们化育着世界，它们充满着遥天……

由此可见，伏尔泰在数学里兜了这个很不必要的圈子，几乎误入歧途，但倒不是完全无益：它至少帮了他一个忙，使他写出了这一首美妙的赠诗[6]。“我病得很厉害，”他在 1738 年 8 月写信给狄里约说，“牛顿和《梅络普》（Mérope）累死我了。”其实，牛顿和《梅络普》都没有累死他。这篇《梅络普》似乎是他的杰作之一，曾给他带来很强烈的享受。凡是要他把这篇戏剧拿出去公演的人，他都假惺惺地表示不肯。季诺

小姐（Mlle Ginault）曾为这件事写信给他，他以新"汇编"中最俊俏的一封信回答着。他对她说：

你是最能显出奇迹的；我正需要这种奇迹。我不知道我是否完全放弃了让公众评判我的那种危险的念头。有那么一个时期，可爱的妲丽[7]啊，安静的爱好和隐居生活的甜美战胜其余的一切了。如果一个人能知道早早逃掉虚名的诱惑、忌妒的疯狂和社会上轻率的批评该是多么幸福啊！我太该后悔了，我尽忙着别的事，没有致力于我的安宁。我忙了二十年，结果何所得呢？得了些仇敌而已。搞文学的人所能期待的全部报酬差不多就是如此；不成功就是很多的藐视，成功了就是很多的忌恨。而成功的本身就具有若干贬值的因素，因为有人专爱鼓励一些莫名其妙的意大利丑角去把严肃的东西转为笑柄，把喜剧的兴味糟蹋得一塌糊涂（指当时人家戏拟他的剧本）……

过去，为了你，也为了我，我看到这样艰巨、这样有益的工作竟获得了那么多忘恩负义的果报，总是感到无限的愤慨；但是现在，我的愤慨化为灰心了。我不想针砭社会上的颓风败俗了；还是放弃掉好。公众是一只猛兽。应该锁住它，或者逃避它。我手里没有锁链对付它，但是我有隐遁的秘诀。我找到了休息的甜蜜，找到了真正的幸福。我还将放弃这一切而去讨代风屯长老的抨击吗？去让意大利的小丑们拿到戏台上去供公众揶揄、供无聊的人们笑乐吗？

除我对你说的这一切而外，我还要补充一句，在我这样心灰意懒的时候，不可能好好地工作。必须有自负的雄心和激扬的情绪陶醉着才成：这本是我酝酿着的一坛酒，现在无意去喝了。只有你倒还能陶醉我；但是，如果你老是有吸收新信徒的那种神圣的热忱，你会在巴黎找到比我更适于这种天职的才人，更年轻，更大胆，也将会有更多的才具。善诱人的妲丽啊，让我安静下去罢；我将永远拥护你，就和我凭你照拂每年获得两篇戏剧的成功一样。可不要诱惑我了，我要熄掉的火，可不要再叫它燃烧起来，不要滥用你的权力罢。你的信差不多使我想出了一篇悲剧的计划；再来一封信就会使我写出它的台词了。还是让我理智点罢，我请求你，唉！我太不理智了……

他让步了，他还写了一篇悲剧，两篇悲剧，以至更多的悲剧。他让人家公演他的《梅络普》了，由于这《梅络普》，他在巴黎获得了一次最使他踌躇满志的胜利，预兆着三十五年后在同样地方等待着他的另一个凯旋："上星期三（1743年3月20日），"人们在巴别（Barbier）律师的日记中读到，"人家在法兰西喜剧院公演了《梅络普》悲剧，梅络普是伟大的阿尔西得（Alcide）的遗孀，是厄及斯特（Égisthe）的母亲。这个剧本是伏尔泰先生写的，他是我们的诗人之王。在这篇悲剧里，没有一个字触及爱情，也没有任何纠结，却一致认为太美了，以至于伏尔泰先生戏后出现在第一厢时，连演员带观众一致向他鼓掌，历十五分钟之久；从来没有看见过一个作者受到这样显赫的光荣。"[8]

Ⅲ 在普鲁士

佛勒德利克和若丹⁹的"通讯"开始于 1733 年 5 月, 在佛勒德利克做普鲁士王之前。信里面尽是些诗, 是那亲王寄给他请他修改删定的, 还有些社交中的笑谈, 一些毫无所谓的作品。佛勒德利克一登报为王, 这些毫无所谓的作品就有了重要性, 有了风格了。比方, 刚一登报的头几天, 在一个无足重轻的短简后面:"再见罢,"佛勒德利克给他写道,"我还要去写信给法国国王, 制一支独唱曲, 作几句诗给伏尔泰, 改订部队规章, 还要做千百件其他类似的工作。"在一次到列日(Liège)的短期旅行中, 佛勒德利克第一次见到伏尔泰, 因为伏尔泰到莫斯河(Meuse)上莫尔府(Château de Meurs)去给他致敬; 国王在到达比利时之前, 曾绕道斯特拉斯堡(Strasbourg)，伯劳利上将（Broglie）接见了他，识破了他的乔装，就在边防要塞中待之以殊礼。刚一回到波茨坦（Potsdam），佛勒德利克就写信给若丹说："我回来时你一定要觉得我话多；但是你要记着，我看到了我平生最关心的两件事，就是伏尔泰和法国军队。"的确，这正是佛勒德利克酷好的两件事。分占着他为王的整个前半期：征战与才华；做个大诗人，成个大军事家！[10]

....

在他对伏尔泰的赞美中，有一部分是符合实际的、公正的，也有一部分是谬误的、错觉的。他令人佩服地感觉到这个辉煌想象力的欢娱情趣。他领略着这个活泼的、家常的、欢情洋溢的天才。"使人的智慧欢笑着，"他对他说，"这不是人人都能做到的事呀。"伏尔泰独擅的那种风趣，那种明丽的、迸发的才华不能再找到更好的形容语了。快到临了的时候，他尽管一面希望着伏尔泰有更温厚的情感，一面还奉之"为理性与真理之最美妙的官能"。这一切都是深切地感到、正确地说出了的。但是，当佛勒德利克赞美伏尔泰为最伟大的正宗诗人的时候，当他觉得《亨利亚德》是史诗中的 ne plus ultra（无以复加）之作的时候，当他把它放在《伊利亚德》和《伊尼亚德》一类史诗之上的时候，他就只能证明他的理想缺乏，证明他在这方面是如何眼光有限了。他所引来作比的那些伟大的对象始终是滞留在他的智力、视力所能及的范围以外；他在这类问题上说的话完全像是个一天也没有见到、梦想到真正超绝美

75

的人。

"有什么快乐能超过精神快乐呢？"佛勒德利克在二十五岁时这样叫着，所谓精神，就是说煊赫的理性，愉快而活泼的理性。他永远是这样的想法，而其所以酷嗜伏尔泰，全部秘密也就在此。而且这种酷嗜（这个词是正确的）也是双方的。伏尔泰也不能隐讳，他自己，伟大的卖俏者，也被佛勒德利克迷住了，在他逃出柏林时写出来报复国王的那份才情洋溢却又那么可鄙而不可信的谤书里，他谈到波茨坦那些晚宴时也还不能不说："晚宴都是很惬人意的，我不知道是不是我看错了，满座都似乎是才气纵横；国王有才，也使别人有才。"请注意，直到忿怒中还有这样的倾慕。两人相互产生的那种不可抗的诱惑力就是如此，就是友谊断绝之后这种诱惑力依然存在。在《通讯集》的第二部分，当闹翻之后又言归于好的时候，我们就发现与前半段完全不同的性质了。一切幻觉都停止了，只剩下对才华的那种热烈爱好还依然流露出来。而且，原始的、富有青年激情的佛勒德利克也消失了，让位于哲学家了，让位于任何事都不再摸索、富于经验的、高人一等的人了。国王的身份也较常使人感觉到了。两人彼此都说些真话，而两人也都受得住（真是稀有的事）。伏尔泰给国王说了些真话，佛勒德利克也就以真话回敬："你曾经很对不起我，"他写信给伏尔泰说，"我把你的一切都原谅了，甚至于我要忘记你那一切。但是你若不是遇到一个爱上你的好天才的痴心人的话，你绝不会被轻易放过的……"然而，在这些严厉的、坚决得不能不公平的话语之后，在这些用国王的口吻说出的话语之后，那爱才的痴心人又让人多么容易地看出来了，当他补充说道：

　　你要尝点甜头吗？好极了：我告诉你几句真话罢。我认为你是不世出的最美的天才；我佩服你的诗，我爱你的散文；特别是你的《文学杂著》中的那些零散的小品。在你之前从来没有一个作家能像你有这样精敏的触觉、这样准确而细腻的美感。你在谈话中是风雅宜人的；你会同时教育人又娱悦人。你是我所认识的最富有诱惑力的人物，在你愿意的时候，你能使任何人爱你。你在才华中有那么多的风韵，以至于你可以同时又冒渎认识你的人们又博得他们的宽容。总之，如果你不是一个人的话，你就算十全十美了。

　　现在，你还能说吗？能感觉伏尔泰到这样程度的人，能找到这样法兰西式的语致来在苦味之后给他尝着甜头的人，你还能说他不是那时代紧傍着并面对着伏尔泰的一个最有才华的人吗?!
　　当人们读了佛勒德利克为伏尔泰画的（1756）某一幅肖像——一幅看得准、画得赤裸、不愧为大师手笔的肖像——的时候，人们就更能体会到他方才论伏尔泰才华的那句话的意义了：这个富于诱惑力的天才确实有那么多的风韵，就是被他冒渎过、领教过他的人们，他都能很快地抓得回来。[11]

我相信我还是落在真理的后面，当我说两人之间的精神相慕直到友谊断绝之后还存在着，因为，如果毫无成见地把两人"通讯集"接着读下去，一直读到底，我们就觉得，很明显地连友谊也不曾在他们俩之间死灭掉，这种友谊后来又恢复了，还带着一些剩余的韵味，杂着一些理智，这种友谊不只是建筑在互相怡悦上了，还建筑在他们天性的严肃和崇高的方面。佛勒德利克一面克制着暮年伏尔泰的那种暴躁善怒的本能，同时又尽可能地激励着、赞助着他那种淑世爱人的趋势的发展。他乐于称赞着、鼓励着那位人道主义与信仰自由的保卫者，那位费尔内[12]的垦荒者，——伏尔泰把费尔内那片几乎荒无人烟的地区繁荣起来，正和他自己繁荣了伯朗德堡的沙漠之区一样；总之一句话，他在这位实践的大诗人身上认出了、抱住了他在社会事业和文化事业上的合作人。由于一种个人崇拜的遗留，也可以说，由于一种依然动人的偶像崇拜的遗留，每逢他拿自己和伏尔泰相比的时候，总是认为伏尔泰高他一等，并且说得入情入理，其语调的真诚是无可怀疑的。他尽管是怀疑主义者，却对人类的前途并不完全失望，他认为改善后的人类理性是有前途的，他只勉强看到了一点曙光，他谈起这个前途时说："人的一切都系于出生的时代。虽然我出生太早了，我却并不悔恨：我看见了伏尔泰；如果我现在看不见他，我还能读到他，并且他给我写信。"我们看到这种口吻，就是他不说，我们也会猜到在佛勒德利克心里依然最深刻、最基本的那种酷嗜是什么，活着的伏尔泰在他的心目中所体现的那种酷嗜是什么："我最后的酷嗜将来就是文学!"而文学也曾是他最初的酷嗜啊。[13]

Ⅳ 在瑞士

　　普鲁士之行和他想定居在柏林的那个尝试，对于伏尔泰来说，是惨败的一役，这已经说得够多了，我们也和他自己一样，乐于离开，越早越好。在他回到法国的时候，他就像一个人在自己摸捏着自己。看看可没有残缺，感到四肢都还在伤痛。这最后的一次经验对于他似乎是有决定性的，所以他在阿尔萨斯省佛日（Vosges）山区的两山之间作了几季的精神休养之后，他就了解到他是要作归老之计、谋求独立生活的时候了。他转到瑞士，先在佛吴（Vaud）地方住下，然后又移近日内瓦。他那伟大的第二次更生就是从那里开始的。他这时六十一岁，前途还远大着哩……真乃是 dum prima et recta senectus（老当益壮）。

他在蒙利翁（Monrion），在洛桑（Lausanne），后来在日内瓦大门口乐趣村（Délices）的生活，显出了一种动人的嬗变色彩。他现在像是一个获得解放的人，自由自在地呼吸着；他又开始欢笑了，又在社交场合演喜剧和悲剧了；他很欣幸地看到他所引起的那种解人解事的和善气氛和他在阿尔卑斯山脚下遇到的那种还杂有淳朴之风的文化。他一购买了费尔内田庄，他就算完完全全是在自己家里了，生活绝对安定了。那正是七年战争的高潮时期；他从乐趣村写信给萨克斯·歌塔公爵夫人（Duchesse de Saxe-Gotha）说：

我向所有来到我们山区的德国人打听着军队有没有跨进你的领域……我曾千番百遍地说：不幸的莱比锡（Leipsick）啊！不幸的德累斯顿（Dresden）啊！但是，可永远不要我说不幸的歌塔罢！1758 年双方的胜负是平衡的，明年可能还是如此，后年可能也还是如此；上帝晓得人类的灾难何时了结啊！我越看这些惨状，我就越往我的幽居里钻。我左手按着茹拉峰，右手按着阿尔卑斯山，我有日内瓦湖在我的营地面前，一座美丽的府第在法国边境，乐趣村的幽居在日内瓦境内，一所很好的房子在洛桑；我就这样从这个兔窟逃到那个兔窟，逃开那些国王和大军，不管他们是联合的也好，不是联合的也好……

在他于 1758 年 12 月 13 日写给里昂的特龙商（Tronchin）

的一封信里，他把他的全部策略解释得更露骨，他说明他是怎样骑在三个国的国境上［日内瓦、当时洛桑所属的白尔恩邦（Berne）和法国］找他的最安全的坐山。甚至还有一个时候，伏尔泰从伯洛斯院长（Président de Brosses）手里买下了杜尔内（Tourney）伯爵采地的终身主权，他还有了好几重名义。成为日内瓦好几个大佬的名正言顺的庄主，因为这些大佬都有田地在杜尔内辖境之内。这是一个杀着，把那几个大佬拉来做他的附庸，否则他们都是最高权力委员会的委员，又近在咫尺，免不了来找他的麻烦的。由于杜尔内和费尔内都在法国，因此他就使自己独立于日内瓦和加尔文教会，又由于邻近日内瓦，他就有了掩护，不怕法国和法国的法院。一所消寒的房子在洛桑，又有乐趣村，或者如他所称，又有他的乡村酒店在日内瓦附近，又有费尔内和杜尔内两个府第为着消夏之用，这就是他吃了大苦换来的经验所劝他准备的，同时也是他的大量财富所容许他购置的全部既能怡情养性又能策划安全的兔窟。几年之后他打了折扣了——费尔内变成了，并且一直是，他的唯一的、足供需要的住处。

他在隐居生活中首先要了的心事之一就是抚养高乃依的侄孙女并为她筹出一笔嫁资；他就着手笺释她的叔祖的戏剧全集。不管现在人们对这个工作的全面作何批评，他当时的用意是好的，并且以极度的热忱开始着："工作是麻烦的，"他写信给一个巴黎朋友沈维蔼先生（Chenvières）说，"要对付三十二篇戏剧；所以我每一邮班都写信请教法兰西学院，并经常请它审查我的意见。我希望有了这样谨慎的做法，我这个作品将可以对法国人和外国人都是有益的。在这个世界上要想使人生能忍受得过去，就必须尽量找些事去忙。如果老是浪费时间去说：'我们丢了本地舍利[14]了，王家钞票跌了百分之六十了，等等。'日子怎么能过得呢？你一定也承认这种话都是很伤心的。此所以我决计去埋头种植、营造、笺释高乃依，并努力远远地追随他，这一切都是免得闲着无聊。""我越活下去，"他还说，"我就越觉得劳动是必要的。久而久之，它就变成了最大的快乐，代替着人们失掉的一切幻想。"

我在这一切里面，将专意写出，不是写出全面的伏尔泰，却是写出他的最可崇敬的、最堪期待的方面，然而也并不隐讳他的另一方面，也让人家能看出他真正的为人。

在这部《高乃依笺释》中，他是很真诚的；即使是在他的批评里由我们看来仿佛是太过火、太不够了解古文的地方，他也是服从着他个人的美感，服从着他那些俊雅的习惯以及那位老悲剧家的坏剧本久而久之所给他引起的厌烦。多里飞（D'Olivet）在这方面算是伏尔泰的老师，他曾以语法家眼光研究拉辛，并且摘出了种种错误："我亲爱的老师，"伏尔泰写信给他说，"我觉得你有时对拉辛太严了，你不是有时连在诗里不算是错误而只是美妙的活用词语都指摘出来了吗？在这个伟人的集子里，平庸的诗句实较多于语法错误的诗句；但是尽管如此，你我都知道，从来没有人能把说话的艺术提得比他的更高，能把更多的韵味赋给法兰西语言了。我两年前曾预约一个版本，据说是他的剧作的笺注本。我不知道谁将有足够的胆量来评他，谁将有足够的幸运来把他评得很好。这位伟人却不像高乃依，他始终是一步一步地提高，而高乃依则一步一步地降低，或者更正确地说，一步一步地最沉重地堕落下来。拉辛最后在《阿妲丽》里成了诗人的魁首，而高乃依却在十篇以上的剧本里成了末流诗人，甚至于在这些不幸的产品中连天才的最细微的火星子都没有，连一句可记的诗都没有。这几乎是不可解的，对于《熙拿》《熙德》《庞贝》《色丽约特》的美妙篇章的作者来说。"

他在这里把他的全部思想都说出来了。

有一位兼做报人的律师，生平不征询别人意见，以己意评论一切，常常弄到以一人与全体对抗，他叫作兰盖（Linquet），伏尔泰曾知道赏识他的才具和他的智力雄健，他在伏尔泰刚刚死后就发表了一篇"论文"，这里面有些很正确的想法，并且表达得很好。兰盖要向他的同时人说明，伏尔泰是怎样做到了，并且显出了那样的博学多能，并且说明由于什么样的一连串的环境，由于什么样的一序列的事故——最不能算作考验的事故，命运优待了他，既赋予他以一个那么优裕、那么交游广阔、那么易于获得种种援助的青年时期，又在费尔内给他布置了一个漫长的老境，那么幽隐、那么隔绝了世事的纷扰：

"差不多所有名作家的青年时期，"兰盖说，"一般不是消磨在困穷的烦恼里，就是消磨在所谓择业引起的困难里。他们如果不是苦于物质的需要，就是苦于家庭的阻碍，或者至少被家庭长久地引离了正路。差不多没有一个名作家，他的才华的最初飞跃不被打击着，不被认为应加抑制的狂吠，再不然他的才华焕发就是被困窘延迟了、削弱了，而困窘之害尤甚于家庭矛盾……因此很少有大作家，社会能自诩着说认识他们的全部才能。这些才能，正在需要用钻研、练习和自由来滋灌着、发展着和长养着的年龄，却被忧虑使之枯槁了，被奴役使之窒息了。后来成名了，安逸与富厚又使之委靡下来。年轻时，文人被与社会隔离了，其实适度的社交，一方面求之而不流于卑污，另一方面予之而不失于骄蹇，对于他们的培养是非常有益处的。到年纪大了，文人又被社会追求着，捧托着，吸收着，使他们连读书、写作的时间都没有了。伏尔泰先生一生都不曾如此……"

可不是嘛，人们立刻就可以看出他与众不同之处：他的青年时代是整个地被环境支持着、优待着的，他不断地走顺风船，从妮侬遗赠他一笔购书钱那天起，一直到他平生第一次遇到的极严重、极痛苦的那一天——和罗安骑士闹纠纷的那一天为止。在西来度过的那些漫长的年月，对于他而言，还是博学深思的和幸福的年月。当他经过第二次的苦痛的考验离开普鲁士的时候，当他垂垂欲老的时候，他在所有的人中要算是最有条件、最有准备的，使他能利用他那种鸟倦知还的退隐生活所给予他的空闲时间，去写出各种各类的作品，其产量之丰，命笔之捷，在今天看来倒不是那么可惊，但在他那时代却是了不起的现象。就是他常常叫苦的那种身体，那种伏尔泰式的体质，经常是"做起最紧张的精神劳动来都还够结实，做任何其他活动稍微过度一点就纤弱得不易支持"，就是这种体质对于他也是个宝贵的资本，他运用得非常巧妙，表面上像是慷慨挥霍，实际上管理得非常谨慎节约。而且，他自己在新《函札集》[15]的最可爱的、兴致最好时写出的一封信里，也把人们爱夸他博学多能的那种过实之誉压缩到真实的程度了：

"我方才读了一篇文章，"他写信给审查人兼批评家达干先生（M. Daquin）说，"你在这篇文章里保证我是幸福的。你没有说错，我自己也相信我是最幸福的人；但是，我不应该说出，这对别人是太残酷了。

"你引商伯兰先生（M. de Chamberland）的话，说我曾写信告诉他说所有的人都生来带有同等的一份智慧。上帝保佑我不曾写出这种不合真理的话罢！我从十二岁起就感觉到并且想到恰恰相反的那一面了。我从那时候起就猜到有无数的事我都毫无才具去做。我意识到我的官能不宜于深究数学。我体会到我对音乐毫无禀赋。上帝曾告诉每一个人：你可以一直走到那里，可你不能走得更远。我学欧洲语言有点办法，对东方语言就一点办法也没有：Nonomnia possunus omnes（人非万能）。上帝予莺以歌喉，予犬以嗅觉，而犬还有嗅觉不灵的哩。设想人人皆能为牛顿该是多么荒唐啊！啊！先生，你曾经在我的朋友之列；可不要把最大的蠢话记到我的账上罢！

"将来你有了有趣的《星期》周刊[16]，请惠赠一本，托我的朋友狄里约转交给我，我相信他也是你的朋友。请永远相信一个老哲学家对你的敬意和友谊罢，他倒真有一个怪癖，自信为一个很好的耕耘者；但是他可没有那种怪癖，以为人可以有一切的才能。"

当伏尔泰有道理的时候，也只有他能有这样平易、这样轻巧的道理。

不过，我们也不要以为费尔内的生活改正了他的毛病。他是那么一种人，这种人总是想：做作也绝对做作不出什么，改正也不会改正得很多。他不自检束地生活着，任凭自己的性之所动和兴之所至。他有非宗教、反基督教的一面，费尔内的生活反而用安全感把这一面加强了，使之在他的大胆言行中更肯定了。正如在他的最普通的函札中都经常有一种可爱的语致、一种妙不可言的警策与伶俐和一种引人入胜的风度，同样地，在他最好的文章里，也差不多经常有一点放肆、亵渎，使人感觉到正悄悄地沁入着，哪怕就是游戏之笔，并且专在人们万想不到的时候冒出来。不用说，在这个新集子里，这并不是主要的一面。然而，人们不仅可以隐约看到伏尔泰的内心深处和他的偏激的门户之见，当他写信给里昂的包尔德先生（M. Bordes）论及克勒孟十四世当选时说（1769 年 7 月）：

> 我不知道那方济各会教士刚加内力[17]将来怎么样；我所知道的就是白尔尼（Bernis）大主教把他选为教皇了，因此，他将不会是个西斯特干[18]。诚如你所说，很可惜人家没有给我们一个糊涂虫。我们原需要一个愚人，我恐怕

人家给了我们一个智者……流弊是不会改掉的，除非是到了太过分的时候。

这些都是令人憎恶的感觉，同时也是一个令人憎恶的思想系统，是对于关系人群的最切要的真正利益的一种错误看法。那真正是太不审慎、太无理性了，如果一个人，不管是在哪种范围，竟借口于期望获得早日的全部纠正而祷祝着弊害发展到极端的程度，如果在中和与明智之德能占居人类最高权位（这里只是就尘俗范围说话）的时候他反而叫起苦来！

也就是这位包尔德先生，伏尔泰这样写信给他的，他曾为让-雅克·卢梭的旧友，后来变成他的辩驳者，变成他的对头了。伏尔泰一跟他谈起卢梭，就对这个敌手和有力的合作者尽量发泄着他的反感，他固执地只把卢梭认作一个疯子，毫无怜悯地辱骂他。

"啊！先生，"他写信给包尔德说（1765 年 3 月），"你看得很清楚，让-雅克像一个哲学家，就和猴子像人一样……人们不信他那些诡辩了，他整个的为人，凡是深究过他的性格的正人君子都觉得可恶可憎。一个糊涂虫，一个挟嫌诬告者，是什么哲学家啊！人们怎么能想得出来，说科西嘉人曾写信给他？我可以向你保证，不会有这回事；他所欠缺的只是这个新笑话了。丢开这个不幸者不谈吧，让他受他的耻辱去。哲学家们是不把他算在兄弟之列的。"

在他的词汇里，他恨没有足够的侮辱语去骂他，是"一个无赖汉，心术和头脑都是一样的坏"，是"狄奥仁[19]之犬，染上了狂病"。在写给卢梭的另一个辩驳者托玛桑先生（M. Thomassin de Juilly）的一封信里："这个摹仿狄奥仁的可恶的猴子啊，"他说，"他以为躲到狄奥仁的木桶的一块旧木板里面了，但是却没有他的灯笼；他的写作，永远是既无良知，又无善意。只要他能卖掉他的狗皮膏药，他就满意了。你称他为左易尔[20]：他的确是以全部的能力、全部的德性去做左易尔的。"

特别有一个地方，使人黯然地想到，就是最伟大的思想家也有常人心灵的弱点。伏尔泰刚给萨克斯·歌塔公爵夫人写了一封信，谈到拉巴尔骑士[21]受刑的事；他大为愤慨，这是对的；他觉得，一个不肖的恶行当然需要（这已经不像他在说话了）一个严厉的惩戒，但是为了这个恶行而拉巴尔骑士竟受到酷刑并被斩首焚尸，和在12世纪一样，他认为太惨无人道了；而紧靠在这封信旁边（第二册，第558页），在下面写给里昂的达巴罗先生（M. Tabareau）的一封信里，他自己倒也来开玩笑，说人家很可能要把卢梭送上吊台了：

　　我庆贺，先生，庆贺里昂市恢复了它的政权；但是我不庆贺它，如果它想真正会有过一个计划要宣布让-雅克为日内瓦的克伦威尔。诚然，人家在涅布兹君（sieur Niepz）的纸堆中曾发现这个浪人的一篇笔记，要搅翻他这个鼹鼠窝，我可以向你保证，如果让-雅克真个想来的话，他大有可能要爬上一个软梯，这当然不是幸运之梯。但是，你是不关心日内瓦的事情的：这些事情都十分可笑……

口吻有了多么大的变化啊！想到卢梭上吊台只使他发出一阵哈哈大笑了。当然，这都不过是说说而已；如果卢梭真来到日内瓦策动叛乱，真个被迫要逃到费尔内来，如果伏尔泰正坐在饭桌上骂卢梭时真个有人突然告诉他："卢梭进来了！他在府第的院子里，他要求你收容。"伏尔泰一定不会再说："那无赖汉啊！"一定会说："那不幸者啊！他在哪里呀？快让他进来！把铁栅门关起……"他一定会奔向前去拥抱他[22]。尽管如此，他论卢梭的那些话依然是难听的，太不成体统的。文人应该慎言，应该审慎发表意见啊，因为他们是只能以言辞行世的。

然而，他对卢梭这样的暴躁，绝不能认为是出于忌妒。伏尔泰根本不是忌妒人的人；他蔽于热情，有失公正，在当前这个情况下，他是盲目地服从于他的口味上、脾气上的一切反感，反对着那个永远不善诙谐而把一切都不变成戏谑而变成苦味的人，反对着那个文笔夸张、连思想升华都会使他感到是一种夸张的人，反对着那个以共和派的架子高呼着要打倒一切艺术和戏剧的人。"你记住，那个不幸的小让-雅克，那个逃亡者，一年前曾写信给我说：你腐化了我的共和国，作为它收容你的报酬。"伏尔泰对卢梭的那种轻率的藐视，全部的解释就在这几句话里了。他一点也不了解这位新使徒的热烈庄严之处，一点也不了解他对那些青年心灵的影响。他只看到他是一个可笑的畸人，疏疏落落地显出一点辩才。

伏尔泰可不是一个民主派，这一点，对于那些从远处，并为着自己思想体系的需要给我们依让-雅克的形式去处理伏尔泰的人们，都是宜于予以提醒的。当我们爱研究人、爱看到人的真面目的时候，我们就不能习惯于那种象征化的铜像，它有变成未来时代的偶像的危险。伏尔泰是反对大多数的，是瞧不起大多数的；就理智而论，他觉得群众是天然愚蠢的；他只认为少数人有良知，觉得如果能把这一小群牲畜渐渐扩大起来也就很够了。

"由最近这次暴动去看，"他写信给包尔德先生（1768年11月）说，"你那里昂的人民不是哲学家；但是只要那些士绅是哲学家，我也就很满足了。""法兰西，"他写信给他的另一个里昂通讯人达巴罗先生说，"可能是一个很可爱的国度，如果它没有那些捐税和学究的话。至于人民，他们永远是愚笨的，野蛮的：里昂发生的事可以为证。他们都是些牛，需要轭、鞭子和刍草。"

不幸的话语啊！伏尔泰听到谣传有人要把他的费尔内产业封为侯爵采地，曾有一次嘲笑着说："克勒比荣侯爵、马孟台侯爵、伏尔泰侯爵，都只好放到集市上和尼可来（Nicolet）的猴子一块玩戏法去。"他嘲笑爵秩，是他的兴趣问题；但是他的精神，他的天性，却是个贵族底子，而这一次，他最初的冲动把他带得太远了，他曾显得是粗暴的封建主义者。有人曾说，法国大革命，如果他活得够长、能亲眼看到的话，一定会使他悲叹的；有一点却是非常肯定的，就是：革命一开始时就掺杂在有益的改革中的那些过激和惨烈的地方，绝不会有一点使他感到惊讶的。就是在1793年，如果他亲眼看到的话，他一定也会说："这就是他们呀，我认出他们来了，我的那些威尔什人们[23]；他们正是这样。"没有人曾像他那样鲜明地、时常地表现出法国人和巴黎人的性格在我国历史的各时代中所显出的那种矛盾的对比了。下面就是很多的这样片段中的一个片段：

"我始终很难理解，"他写信给班雅曼·贡斯丹（Benjamin Constant）的父亲说（1776年1月），"怎么这样可人的一个民族会同时又是这样凶暴呢？怎么他能这样容易地从歌剧院就转到圣巴特勒密节[24]呢？怎么他一忽儿又是些跳舞着的猴子，一会儿又是些咆哮着的狗熊呢？怎么他能同时是这样地机巧又是这样地愚蠢？有时是那么勇敢而有时又那么怯懦呢？"

并且，比较愉快地，还说（1770年9月）：

我相信将来任何东西也不能阻止拉沙罗太[25]的起诉书出版；社会公众将笑笑、吵吵、闹闹；一个月之后，一切都完了；五星期之后，一切都忘记了。

也只有像伏尔泰那样道地的一个法国人对他当时和以前的

民族说出了这种话来，别人才敢跟着他去重述。为公平计，我们还要补充一句话：在他所有那些警策的、敏锐的，但有一时感触意味的评语之中，伏尔泰是忘记了，或者是料想不到风俗会逐渐柔化的，有一种不知不觉而又继续不断的进步会出现的，而他自己将正是这种进步的促进人。巴黎人民在今天，纵然是在过激时代，也显得已经不是刚从 1789 年前社会里出来的那种没有定型的人民了。[26]

V 沙特来夫人

伏尔泰，从他开始走上社会、走上生活的第一天，就仿佛完全是他自己，不需要投师。他的风韵，他的漂亮，他的暴躁，隐藏在这些轻松的外表下面的严肃性与有时还能表现出来的感动力，这一切，他从第一天起就都有了。然而，他只是在尝过冤屈和不幸之后才获得了他的才器上的刚健和性格上的沉毅。他在某一天晚上从罗安骑士那里受到的那场血淋淋的侮辱，以及包庇这无赖汉的那种保护，勇者受辱突然感到的那种无法雪耻的难堪，只有亲身感受到才能正确体会到的那种种社会不公平，这一切都警告着他，使他知道在法国只有聪明才智究竟还是不够的，还有一个专制政权把某几个特权者放在法律之上，乃至放在舆论之上。伏尔泰第一次遭到了不幸，就流亡到英国去了；他在英国研究着政府，研究着社会风俗、哲学精神，研究着文学，从那里回来时整个地修养成功了，炉火纯青了。无疑地，他本能上的急躁是永远不会改的，但是，从此急躁之中却寓有考虑，杂有一种审慎的底子，尽管历次违犯、触霉头，还是透过这些经验回到这种审慎的底子上来。他是认为自由思想与自由写作之乐可以代替一切幸福的那种人，并且曾有一阵子他想无保留地从其所好，在一个自由的国度里，抛弃着父母之邦。然而，伏尔泰不是一个纯粹的笛卡儿，他还需要友谊，需要艺术，需要天天有同情的刺激。他被某些人恨着，也恨着这些人，因而他也就需要被另一些人爱护着，摩抚着。他愿意想，愿意说，但是他也急着要登时听到反应。他天真地写信给佛蒙说："你是多么贤哲呀，我亲爱的佛蒙！你安安静静地求你的知识。你习于你的财富，不为炫示财富而伤脑筋；而我，就和一个小孩子一样，人家给了他一些小玩意儿，他就到处显给人家看。"因此，在他生活上这第一次的大风暴[27]之后，他就梦想着一种退隐生活，希望能够与世隔离开来，安全地、独立地生活着，并且相当放胆地思想着，却也并不完全摒除情感："上帝啊！我亲爱的西德维尔（Cideville），"他又写信给这样亲爱的另一个朋友说，"那该是多么美好的一种生活呀，如果能有三四个文人住在一块，各有才华而不互相忌妒，彼此亲爱着，甜蜜地生活着，各治他的艺术而又共同谈论着，互相启发着！我想，我总有一天生活在这样的小天堂里。"这个人世天堂，他找到了，他自己创造出来了，就是在西来、在沙特来夫人身边。他选定了这个天堂的地点，这个选择不是没有一点技巧的，因为那是在一个国家的边境，一只脚踏在洛林，一只脚踏在法国。就是在这旅居西来的初期，他刚从荷兰旅行回来时写信给达尔任达（D'Argental），为我们揭示着他的全部思想和情感，揭示着他的灵魂的最严肃部分：

> 我向你承认，如果不是友谊、不是比任何情感都强有力的友情召唤我回来的话，我倒很愿意就在那个国度里度过我的余年，在那里，至少我的敌人们是害不到我的，是没有一个大臣的喜怒、迷信和权威可以使人惧怕的。一个文人应该生活在一个自由的国度里，否则就得下决心去过一种诚惶诚恐的奴隶生活，让别的奴隶忌妒他，不断地在主子面前谗害他……没有任何迹象表示我会再回到巴黎去受迷信与忌妒的疯狂摧残。我将生活在西来，或在一个自由的国度里。我曾常对你说过：如果我的父亲、我的哥哥或我的儿子在一个专制的国度里做了大臣，我明天就会走出这个国度；你想想罢，我现在还在这样的国度里，我该是多么憎恶。但是，最后有一点，沙特来夫人对于我，胜似一个父亲、一个哥哥和一个儿子。我只要求埋头生活在西来山里了。

当伏尔泰在 1735 年 3 月写这些话的时候，他刚满四十一岁，随后的十四年，他就是在这种充满他的生命整个中期的亲密结合中度过了。我们不要忘记，他一面在言谈中对沙特来夫人的招待表示这样的感激，一面他自己也大大地资助了这种招待。伏尔泰有一份在当时算是很大的财产（近乎八万镑的年金）；这笔财产逐年增加着，由于大师善于经营，凡是他走过的地方，他都能使财源跟着他滚滚而来，这当然是不会有害处的，纵然是在人世天堂里。

……

如果除开主妇住房和伏尔泰的住房来说，整个的屋子都脏到极点，并且，如我们一般人所说，十分不舒服。伏尔泰必要时还照顾一点客人，沙特来夫人却一点也不管。那可怜的格拉菲妮夫人住的一个大房间四面通风，冰冷彻骨。她在白天里除了书和文具而外，无可消遣，只有找商博南夫人（Mme de Champbonin）谈谈。这位商博南夫人为人倒是极好的，由于伏尔泰的《通讯集》，她已经是大家很熟识的了，她在西来已经住了三四年；"她避免给人家麻烦，学会了不碍人家的事。"人家叫她整天待在房间里。人家叫她读家藏的所有的书籍，最好的书籍，而她却并不因此就有了学问。伏尔泰笑她，称她为胖猫；商博南夫人似乎曾抱定决心要发胖的。我几乎忘记公馆的名义上的主人翁沙特来侯爵了，他在家的时候大部分时间都有风湿病，一点也不碍人家事，如果不是相当讨厌的生活。沙特来夫人的哥哥伯勒推长老（abbé de Breteuil）一到，就在西来府的这种生活制度上加上一点娱乐。但是，他一走，这种天堂生活就一点欢娱气氛都没有了。那么，这生活是怎样度过的呢？每人做着自己的工作，并且固执不舍地做着自己的工作。

究竟起来，这就是他们的最大的快乐。这两个强劲的、积极的头脑，沙特来夫人和伏尔泰，每人都干着他的事业；她干着科学和哲学，这是她的天赋，也是她的唯一爱好；他呢，也搞着科学，因为他那时有一阵子意志很薄弱，要同她一样地拥抱科学，但是他同时又搞诗，搞赠诗，搞历史，总之，什么都搞；因为他的积极性不愿意放弃任何一点东西。我曾戏将伏尔泰的函札中突出地描写他那种博学多能、无所不好的几段文章辑录起来。要想为伏尔泰写一幅最妩媚、最真切的肖像，只要把他自己的话选择一下录出几句来，就够了；伏尔泰不是自己克制自己的人，就是有关评判他的事他也不隐讳，他的思想也不能囿在心里很久：

"不要对我说，我劳动太过，"他在西来这些年里写道，"这些劳动对于一个没有别的事可做的人说来实在不算是什么。长久以来就惯于搞文学的头脑，搞起文学来就既无困难又不费力，就和人家很容易地说着一个久已学会的语言一样，就和音乐家的手毫不疲乏地在钢琴上活动着一样。怕只怕身体好的时候都还要用力做的，在身体坏的时候就做不好。

"我努力过一个适合于我现有情况的生活，没有令人不快的情欲，没有奢望，没有企求，熟人很多，朋友很少，兴趣多种多样。

"我倒愿意牛顿也搞点说唱剧，如果能这样，我会更钦佩他些。只有一种才具的人可能成为大天才，有多种才具的人就更可爱。

"应该给予自己的灵魂以一切可能的形式。那是上帝交付给我的一点火，我们应该用一切可能找到的最宝贵的东西来为它添燃料。我们应该向我们的生命实质中输入一切可能想象的方式，把灵魂的所有的门都向一切科学、一切情感敞开着；只要这一切不乱纷纷地拥进来，里面的地位总归是够的。"

特别谈到他在西来过的那种生活时，他还说：

我们在这里绝不是为了数学而丢弃了诗……在这样的幽境中人们绝不会野蛮到藐视任何一个艺术的程度。爱一个学术因而就恨一切其他的学术，这种精神就褊狭得太奇怪了：这种偏执的狂信只有让给那些认为只有在他们的宗派里才能博得上帝欢心的人们。我们可以有些偏好，但是为什么把不爱好的就排除掉呢？为了使愉快与知识能进入我们的灵魂，大自然赋予我们的门已经是这样少了！还能只开一个门吗？

一个人爱过诗而现在不再为诗所感动，我认为这种人是病人，失掉了他的官能之一。

我向你承认，如果我生平能有那么一次把司歌剧的女神奉承得很成功的话，我一定也是很高兴的；那九个司文女神我都爱，这就要看有没有那么多的好运气，过分卖俏却是不成的。

这就是纯智慧的伏尔泰。他有个原则，就是要吞食事物，以免被事物所吞食，以免吞食自己。果然，格拉菲妮夫人把他描写给我们看的正是如此，他专心做的事就贪着做，不肯浪费一点时间，死盯着他的工作不放手，要叫他来吃晚饭，非把他从写字柜上拖出来不可，横拖竖拖，他还抢着工作。但是，一坐上餐桌，他就活跃起来、兴奋起来了，竟能找出个把小故事来说说，非常有趣，非常可笑，非常滑稽，常常是只有从他嘴里听到才是好的，使人们看到他、正如他自己描写自己那样：

> 总是一只脚插在棺材里，
> 另一只还在跳跳蹦蹦的。

这种滑稽语调将来还与年俱增，它并不是经常可人意的，并且很快地就变成丑陋了。然而，在他，这种滑稽也似乎是最自然的表现之一。在餐桌上，格拉菲妮夫人使我们看到他既可爱而又仔细，而且和王爷一样地被伺候着，有他的仆役和他的亲随站在他的交椅后面：

> 他的亲随一刻也不离开他的坐椅，他的许多仆役把他所需要的东西递给亲随，就和侍僮递东西给国王的随身卫士一样；但是这一切都做得没有任何摆架子的样子，可见头脑清楚的人在任何情况下都会保持恰合身份的尊严，而永远没有一点做作气落人笑话。他有一种令人喜悦的命令

方式，出于他的风度的娴雅；他经常在命令后笑着补充一句：好好地照顾夫人！

夫人，毫无疑义就是指沙特来夫人。但是他也关心别人。坐在他身边吃饭，这个位置是多么有滋味啊！格拉菲妮夫人把一切可笑的事都看得很清楚，但对坐在伏尔泰身边吃饭的这个幸福却以才女的身份非常欣赏。

也有些日子人们究竟也跳出一下西来的那种日常生活，有盛宴，有表演，大吹大擂地作乐。在这种日子里，大家把新作品拿出来互相读读，大家来排演这些新作品，排演着喜剧、悲剧、笑剧，乃至木偶戏；伏尔泰还放映幻灯。只要一干起来，就不是一下就完了的。"我们昨天晚上数了数，"格拉菲妮夫人写信说，"我们二十四小时内，排了、演了三十三幕戏剧，悲剧、歌剧都和喜剧一样地排演着。"这是指某次封斋后的狂欢："真像闹鬼，是的，真和闹鬼一样，我们所过的生活！"在这些重大的节日里，在这些戏剧周、游艺周里，伏尔泰就显得是在纯天才的状态中，这位先生平时老是半死不活的，现在可有了劲了。他又轻快，又神气，又不知疲乏。他所奉承的全体诗神、所有附在他身上的魔鬼，一时都复活起来了。特别是大家读他的新诗《贞妮》——那太出名的《贞妮》的那些日子（大家躲在神秘的洗浴间里读），特别是那种近乎放荡的日子成为格拉菲妮夫人最欣赏的时刻；我们一忽儿就会看到欣赏的结果，她付出了很大的代价[28]："我们开了个酒会，"她在这种读诗会的某一次之后写信给她的朋友德符（Devaux）说，"沙特来夫人唱的嗓子妙极了：大家笑呀，笑呀，也不知道笑什么，大家轮流着唱了又唱；最后是晚餐，差不多和我们惯常在一块用的晚餐一样，快活得不知所云，莫知所为，芝麻大的事也笑起来了。"

但是，并不是天天都是这样笑哈哈的；伏尔泰的快乐心情并不是每天晚上都是这样忘我的，这样轻松的。"有不少的时候他太显得是作家了。"有不少次的晚餐人们只把代风屯长老或让·巴蒂斯特·卢梭拿到桌面上来寻开心。"啊！哼！就是在这问题上，寻常人依然存在，而英雄气概完全消逝了；谁要是称赞一句卢梭的话，他就绝不会原谅的，他真做得出来。"而人家赞美他呢，"不管加什么作料他都爱听，特别欢喜人家加上些骂那位代风屯长老的话"。这就是他的渺小方面。[29]

Ⅵ 历史家伏尔泰

　　达让逊（D'Argenson）对于所认识的作家和他所读过的这些作家的书，所作出的批评和辩护，在我们看来，都是比较可靠、很有价值的。就以伏尔泰为例罢，我们应该听他的话比听任何人的都重要：他是他的中学同学；他热烈地欣赏他、佩服他；他做了大臣，就想尽一切办法去用他，让他成名，让他发挥能力。伏尔泰和他的通讯都充满了热情和关切，于亲密中见尊敬。我们要想公平的话，就该把达让逊的许许多多谈到伏尔泰的文章聚集在一起，它们都是互相补充着、互相纠正着的。我在这里将只就最突出的引出三两篇，并且预先声明，达让逊对他所钦佩的这位大名人并没有任何幻觉；他把他在性格上和行为上的毛病也都清清楚楚地区别出来，甚至于在这方面有时候有些话是这样地生硬，以至于我们因时代隔远了就不愿意重述了。而且，他没有说过这样的话吗：

> 没有比伏尔泰的读者对伏尔泰更忘恩负义的了；我曾见过许多读者读书时拍案叫绝，但是书一关，就骂起作者来了，并且，因为他们恨之深，他们就想出法子来贬抑刚才使他们那么叫绝的文章。
>
> 我曾有一次对已故的司法大臣（达盖索）说过，他在不知不觉中犯了罪过，由于他对伏尔泰的那种憎恨。

在1752年那个时期，他读了一遍《路易十四世的世纪》之后就自己按捺不住了，就自然流露出他的叹服心情，和一首颂歌一般：

> 呵！可佩的一本书啊！多少天才，多少智慧，记述大事时又经过多少选择呀！多么高瞻远瞩、笼罩一切的眼光啊！多么矜贵、高超的风格啊！很少错误，很多伟大的真理；伏尔泰知道一切，谈一切都在行。我只有一点要批评他，就是他没有看清王国的底蕴；他说这个底蕴差不多依然还和过去一样；他错了，这底蕴已经衰萎得很多了。他爱豪华，因为，他既是诗人、才子，富于美感，就自然会对一切艺术都有偶像的崇拜；他生来就不能把自己降低到平凡的事物上去，而这些平凡的事物就是善良、品德、幸

福，并由此而达于壮美。

说幸福与品德都在平凡的事物之内，这倒还可能，但是说壮美也在内就未免太过了。他们俩各是其是，各异其趣。华丽引诱着伏尔泰；平凡则绝不是使达让逊惊怖的东西：依他说，平凡而带有创辟性就足够了。

那正是在伏尔泰从柏林、从佛勒德利克王廷回国的前后，他曾到那里接受他最后的一次锻炼，做出他最后的一些傻事。巴黎社会的意见对于他还是很反对的；人们对于他还没有达到敬佩的程度，我们知道，后来到了大家竞以称赞全世界崇拜的偶像为职志、为光荣的时候，人们就不再加以思索了。那时人们对于他还没有达到这种程度哩；人们正在找他的错误，而他的错误也就不劳久待；人们很希望看到他才华低落，智慧衰颓，只要有一点由头人们就赶快说他不成了；而题为《帝国编年史》的那部不很高明的作品就恰好提供一个借口，关于这个问题，达让逊又写道（1754 年 7 月）：

有人曾对我说，他在这部作品里显得低落得很，伏尔泰倒也是真该低落的，既然他已经有六十岁了，他的身体又曾经受过那么多的风波。然而我在这里也还发现有伟大之处和热烈之处，特别是在第二册的后几分册，他在里面描写着雷奥保尔、若瑟夫和查理六世等朝的帝国情况。他从最高的钟楼顶上看事物，并且看得清楚，看得远大，没有任何阻滞。他在政治科学里研究得很深；他一切都搞过，特别是道德学和政治学；但是他的性格上的缺点确实也有时在他看重、赞赏和摒弃的东西里面暴露出来。在老底子上他是吝啬而贪财的；他趋向极端：所以他的告诫也随着他教训别人时自己心目中想到的路数而转移。因为他觉得钱是好的，他就钻进挣钱的这条路。他很精细敏感，容易受刺激，自负心太强；这就使他不幸。他的手段在执行时总是偏于谨慎，很少冒昧[30]。由此他就招来了很多倒霉的事和一个坏名声。他评人则明，自评则暗；他远离了他的幸福，宁可说他是流浪的犹太人[31]而不是哲学家苏格拉底。他浑身是神经，是热火；他对自己是不幸的，对读者却是兴味无穷的。他对自己的才华很有自知之明，他到了不能开花、可能结良好果实的年龄就差不多洗手不作诗了。论作家，他表现得很好，论端正之士，他没有成功。

这真正是一个不偏不倚、洞察隐微的朋友对伏尔泰的为人与写作所下的一个良好批评，这个批评是下在他已经相当迟暮的时期，但是还没有到他变成哲学传奇中那种夸大的人物、变成费尔内的老家长的时候。[32]

VII 诗人伏尔泰

　　伏尔泰是 18 世纪唯一真正的、唯一伟大的诗人。他的想象力永远是在那里。就整个的伏尔泰来说，他的作品常有差失，但是只要他的人在那里，诗人也就在那里。他是诗人，在一切自然流露中，在他的笔下一切无意的涌现中，小品文也好，讽刺诗也好，慧黠语也好，歌头也好，生就是谚语的警句也好，不管是什么题目，都从他的脑子里冒出来，不胫而走地到处流传着。他还是诗人，在谈话里，由于慧心的迸发，由于灵机的不断闪烁，由于他说任何事物时都有那么一种活泼妩媚的语致。但是，他一受不到这种直接迸发的支持，一用心写文章，他就弱了，风格就不够了。在史诗和悲剧里，他都只满足于把他的时代应付过去，也就是说把那一个最缺乏诗意的时代应付过去。[33]

············

　　伏尔泰尽管有他的奇异的才华，却没有——大着胆子说罢——却没有适宜于赋予死者以不朽，给死者保证一个最后的、不凋的花冠的那种东西[34]。是不是只在这种场合下他缺乏那种抒情号角的嘹亮声响呢？毫无疑义，在他那种种不同的天赋中，这种抒情的天赋他是没有的；他是个妩媚可人的诗人，活泼泼的，诙谐起来无法可学，甚至也有阵发的感动力，飘忽的柔情和闪电一般，但是他既没有形象的辉煌，又没有格调的壮丽，也没有班达尔所谓之"嘹亮的缪斯的纯粹光明"。他在他的才调中没有什么可以证明那同一诗人所说的，并以其本身作为明显实例的另一句话："语言从深刻的智慧中抽绎出来的文辞，再遇到妩媚之神，就能比行为更活得长久些。"妩媚之神，他是常遇到的，他很乐意亲近她们，但是那都是些家常的妩媚之神；而班达尔所要求的另一条件，深刻，他就没有了。他的缪斯在内心里太放荡了，口头上自难有持久的神圣情感的流露。因而，特别是在这里，既然这里是要对一个死者致敬意，我们就明白感觉到他所还需要的是什么，他还需要类似博叙埃热情的东西，不说类似班达尔的热情了。文辞的庄重、尊严，学理的尊严，那种出于信仰泉源的、口诵而心惟的灵魂不灭的思想，由说话的人扩及被颂扬的人身上，用他们的纯化了的懿德把他们裹起来，像一层洁白的、不朽的尸布，这一切，他都没有；同时，我们也该说，那位慷慨而高贵的邦主夫人所留下的印象也不适于引起这种宗教感。她的讥讽和她哥哥的讥讽太相近了；哪怕诗人再悲壮些、再庄重些，她的讥讽都够破坏他的愿望，搅翻他的意匠。佛勒德利克，请好好注意这一点，此时的做法几乎是与他生平所持的原则自相矛盾的。他要人家为他的妹妹做的是什么呢？他向诗人要求，向诗人索取一个苦痛的洪亮呼声，一种公开的、持久的、显赫的崇敬。但是，在这种庄严穆肃的动人时刻，他们都吃了自己的学理的亏了；他们此时却发觉了一种无法补偿的心灵枯窘。唯一的挽词，一个真诚的伊壁鸠鲁主义者所能想到的，倒该是这样："一切都完了，这是无可挽救的；我们自己明天也将同归于尽。我们沉默地哭着罢。"伏尔泰倒不是个伊壁鸠鲁主义者，但是题目却引着他走向这条路，所以就写出了一首振奋多于哀感的琴歌，费尽了平生之力；他叫道：

> 呵！巴蕾特啊！你，可佩的懿德与风姿！
> 你，无成见的奇女，无邪恶又无差错，
> 死神把你夺去了，从这可悲的尘世，
> 从这些杀人越货、惨象无穷的邦国，等等

但是这种趋势支持不下去；文笔接不上来了，韵律已经不算是完备的，但是就意思来说还是太宽，作者的思想由于作意求高、求充满这个韵律，结果疲乏了。伏尔泰暴露出了他的不可告人的弱点，在最初发表这首琴歌时不得不以注释形式加

上、连缀上种种与本题无关的廋语，都是些对哲学的敌人以及对自己的敌人的谩骂：他在这里特别看到一个机会，对全世界再散播一番讥刺，把它塞进这位著名的亡人的衣褶里。在这种庄严的哀悼中来运用缪斯们的、运用这些神圣使者的翅膀是太不合适的呀。[35]

VIII 伏尔泰的敌人

不幸而成为伏尔泰公开辱骂了二十五年的敌人之一的拉波迈尔（La Beaumelle）在 1726 年生于朗格道克省，出身于一个光荣的新教家庭。他在阿来（Allais）中学毕业之后，十九岁就离开法国到了日内瓦，无疑的，他是在那里读神学，准备做宣讲福音的牧师的。他的思想，如果他有这样思想的话，不久就改变了。他从日内瓦到了丹麦，先在一个丹麦贵族家里当家庭教师。他的眼界渐渐扩大着，就想在哥本哈根办一个文学进修学校，他在这学校里变成了法国文学教师，又在里面办了一个文学期刊，一种手写的报纸，并且发表了一本《思想集》，其中有一个思想，语调轻浮，直去开罪于伏尔泰。他 1751 年经过柏林时自己也觉察到了。他在柏林又做了几件冒昧的事，让那位可怕的敌手抓住了把柄来攻击他。佛勒德利克叫人通知拉波迈尔说他不需要他效劳，他只好离开柏林了。佛尔迈[36]曾在这短暂的时期内看见过他，把他说得相当好："他的面目，"他说，"是得人欢喜的，他的表达能力很好，我们不能说他在对伏尔泰的笔战中占劣势。他对对方无休止的辱骂，报之以斩截的讥嘲，这就更刺激着对方的狂怒。"拉·哈卜的观感也是如此。不过，拉波迈尔首先在公众面前犯了一个错误。《路易十四世的世纪》正在出版；他不知道在风趣的外衣下看出这部书的卓越之处，并且，为着报复伏尔泰所要的手段，他采取了另一个不可原恕的手段来对付他，这种手段，他后来自己也责备自己了。他卖给佛郎克府的书商一些笺注，供《路易十四世的世纪》的翻印版之用，这些笺注不但指摘了书中的错误，并且攻击到作者本人。"我实在失敬得很，"他后来在写给伏尔泰的信中说，"我谈到你的时候，带着那么一种高亢，就是我高人一等也是不容许的。当然啰，这个错误一部分也可以用你的先例来解释……也或许我的恼闷迫使我说出了几点不公正的意见，在普鲁士王面前中伤我的伏尔泰，损害了我所阅读的伏尔泰了。我不久就厌恶了这个工作，并非我在书里不到处发现错误，而是因为我兴趣不同了。所以我的批评没有超过第一册。"而拉·哈卜在1774年左右关于拉波迈尔也写道："两年前，我听到他自己也说他的做法是不可原谅的，说是他先对不起伏尔泰先生。"伏尔泰气极了，答之以《路易十四世的世纪补编》，或拉波迈尔所写的《评注的驳正》；他以惯用的手法，故意混淆视听，把不是拉波迈尔写的，而是拉波迈尔接手人写的一些注释也当作是他写的，算在他的账上了，于是一场殊死战就开始了。

　　拉波迈尔用一小本《函札》回驳，这本函札，还是据拉·哈卜说，是人家攻击伏尔泰的得未曾有的一部最好的论战作品。"它们充满了才情与趣味。他没有佛勒龙（Fréron）的那种粗鄙的笨拙，老是否认任何瞧不起他的人的能力和天才。拉波迈尔却承认伏尔泰先生的全部优点，但又极调皮地攻击着他的弱点和谬误之处，这些弱点和谬误本来都是任何伟人在所难免的，一经敌人的手笔写出就构成一幅可笑的画图了。"他一点也不否认他的作品是出于大才的手笔，他却专心在里面找出显得是小才的地方。"生而有才，"他在某处说，"就等于生而有一双漂亮的眼睛。但是，如果这双漂亮的眼睛带八败呢？"因为伏尔泰一起手就向当世的权力者告发他，说他是路易十四世、路易十五世和普鲁士王的诬蔑者，拉波迈尔就叫他放规矩点，使他感到他自相矛盾的地方："记住罢，一个人不断地要求言论自由，而同是那一个人又不断地设法剥夺他的同行者的言论自由，真是闻所未闻。"[37]甚至于还有一封信，第十三封，可说是相当雄辩的，在这封信里，作者假定他的朋友中有一个德国的男爵，对伏尔泰在热烈称赞路易十四朝的时候所提出的那种挑战感到忿忿不平："我敢向任何人挑战，谅他不能给我指出世界上任何一个专制政权能使法律、人权和公平分配原则所受到的蹂躏比路易十四世亲自御极的那五十五年还要少。"

拉波迈尔的回答显得是出自一个在祖先时代受过苦难的人，显得这个人是出自一个在信仰方面曾惨遭迫害的家庭，显得这个家庭受压迫、受通缉几已有八十年之久。[38] 不幸的是，拉波迈尔只传得了这种清正家风的一半。我们将会看到，他吃了精神上某种缺陷的亏。从一开始，他就在格调上和轻浮态度上有一种小报人气，无聊的新闻记者气。他读过小克勒比荣，至少和读过他所想译的塔西佗一样多；我是说他有轻薄儿的气味。他遥遥地、从最差的方面，属于《波斯人信札》那一派。他是个办小报的孟德斯鸠[39]。他自诩有警策语，而他确实也是有，但是他在警策语上加了一些狂妄气，就是说有目中无人的神气（当他写文章的时候，因为当他说话的时候，有人保证宁可说他有谦虚态度），他永远缺少不了斩钉截铁的论断，对于他所不够知道的问题。

关于《路易十四世的世纪》，他完全没有摸到这部美好而流畅的著作的优点，他真使我们发笑，当他对伏尔泰拿出老师和班主任的口吻教训着说：

> 为着充实你的对象，原应该把1640年到1720年的整个宇宙景象拿给读者看，不是只给他一份路易十四朝的节略呀。原应该像博叙埃那样一下子就铸出一座铜像，不能在一个既不规则又很脆弱的基础上放上一个七拼八凑的小人形呀。原应该像孟德斯鸠一样，综论风俗上、政治上、宗教上和艺术上历次所起的革命，究明实际，求出原因，

分出时期，总之，如你所预告的那样描绘所有的人，而不是如你所做的那样只描绘几个人物呀。原应该把全世界各国人民都拿到读者眼睛底下检阅一过呀……原应该，如果你能够的话，学塔西佗那样，不大吹大擂地预告着一幅描写各民族的画图，却在谦虚的《编年史》的名义下描绘着整个的宇宙呀……

他这就等于说不应该是伏尔泰了；但是伏尔泰呢，他是他自己，却不是别人，他以他的方式描绘了那个伟大的世纪，这个世纪曾有一阵风从他的摇篮上吹过，他使任何公正的读者对这个世纪都获得一个强烈的、正确的、悠然神往的感觉。[40]

…………

孟斯来先生（M. Monselet）显然是想替佛勒龙翻案了[41]；他不是第一个人来尝试这个工作；我还记得，很多年前，我就听到我的朋友儒尔·夏南（Jules Janin）在文学进修学校里拿这个题目讲过一堂课，他正是想作这种尝试。我当时不同意这种做法，现在还是不同意，让我来说明为什么。

我十分了解这一个公正的、慷慨的运动，它使搞这一行同时又知道本行难处的人，老是在伏尔泰的作品里听到他骂佛勒龙是蠢驴、是醉鬼，甚至于骂出更坏的名词，终于听厌了，到底要去看看其中的真假，好好地查一查这些诋毁性的指控究竟有多大的正确性。如果根据这样的精神随便拿起一本那些被咒骂的刊物的合订本，好奇地打开一看，他首先感到惊讶的就是发现里面颇有些情理，甚至于态度也很温和（一种相对的、从远处看着显出的温和）；他就想不通为什么这个新闻记者当年在世时竟成为那种狂怒的对象，于是他就自然而然地要来为他事后报仇，逐条为他洗刷，重新为他造成一种身后的荣名了。这种心意本身是可赞美的，但是要在这里做的话，就必须有充分的审慎，充分的控制，否则情感就会把你拖出限度：你将辩护着，并且无疑地你也会侃侃而谈，如果你是有才或善于辞令的话；你将只是个律师，你不会是个评判人。

佛勒龙是代风屯长老的接替人与继承人，他能不能说是属于文学批评的正宗，继承着很好的传统呢？能不能算是在我国建立起准确而廉正的文学批评的人们之一呢？他是不是我们所能追认的、所应攀附而公开奉祀的一个父辈或祖辈，并应把他的相片供在我们的书房里，和可能把他的文集（我是有他的文集的）放在藏书室的角楼里偏僻而多尘的书架上一样呢？整个的问题是在这里。我将告诉孟斯来先生，他的辩护书曾使我感到兴味，曾使我知道了一些东西，但不曾使我信服；因为他没有接触到，或者至少没有深入那些基本的要点，这些要点是不利于佛勒龙的，纵然是在他为佛勒龙洗刷清楚之后。佛勒龙在那场分裂 18 世纪的伟大斗争和思想运动中，选择了一个保卫祭坛、保卫（健康）学说而反对哲学家的角色：一个人负起了这样的使命，就应该是双料的完人。然而，佛勒龙依靠着那位道德的玛丽·勒克辛斯卡[42]王后和那位道德的太子[43]的权力，而自己却谈不上什么道德。就是像经孟斯来先生的手洗刷出来的那样，从他最好的形式之下去看他，他在我们的眼光里又显得怎样呢？他是个快活三，书读得不错，有修辞学上所谓之审美力，但是对任何进步思想，任何高超的、新颖的见解都拒不接受或漫不经心，一味地率由旧章。在他的整个文学生活中，只有过一个小时的真才；那是在他被伏尔泰拿到戏台上出丑的那一天，他被逼得没有办法，几乎血都逼出来了，而当时的马才伯先生总管图书馆，他又不能，或者至少不便尽情报复，他在这种情况下给那篇《苏格兰女子》剧本的初演写了一篇报道，并且是在多次尝试无效之后、多次被迫修改之后才写成的。困难与危险刺激着他的兴头；他在自己的荣辱关头显出了既善讥嘲而又能警策：他出了一张很妙的副刊，唯一值得人们记忆的。除此而外，他都很庸俗：他装订着、发行着他的刊物，不是为着说出感动他、激发他的那种真理，不是为着满足衡情度理的愿望，而是要把他的刊物当作生活资源或发财手段。似乎他懒的时候就乐意接受某些作家提供给他的现成的作品摘要；他不拒绝人家送他的烟盒子和类似的小东小西，并且在一切上面都要找几个钱。很明显地，他在刊物里既替绷带商、眼科医生、风湿灵药做宣传，他的刊物也就是一个广告报，并且如人们所说，一个生财之道。任凭你把这种说法的严重性打上多大的折扣，仍然不能否认他的批评要因此降低一格；文学的尊严在他的作品中和在他的人格中都不能放出光芒。他的生活不使人感到一点钻研气味：那是一个伊壁鸠鲁派的生活，完全靠中学的一点书底子，新出版的书籍一应付过去之后，最爱的就是去大吃大喝了。你尽管证明他有他的信心：他和当时的优秀人物总是搞不好，他反对当时最有声望、最有贡献的人们，引起他们对他的轻视。对于一个批评家说来，这总不是一个好兆头。他和伏尔泰斗争，我同意，在今天，稍微隔远一点看，仿佛还是他最美的一面；这个斗争是假定有某些勇气的。毫无疑义，佛勒龙就是对伏尔泰再谨慎些，再有分寸些，也不会获得伏尔泰的饶恕，也不能克服他那报人的任务所给他自己造成的那种困难处境。

我们要毫不迟疑地承认这一点：一个批评家，哪怕他再谦恭些，再纯洁些，只要他是独立的，真诚的，他就几乎不可能与他那时代唯我独尊的大诗人和平相处：这位诗人不可一世的自尊心不断地警惕着，又被他的喽啰们激发着，人家夸奖他稍微不够一点他都生气，就是人家不说话他都愤慨，就仿佛人家侮辱了他。伏尔泰这个人，谁要不是他的小门生，不是他的生成的赞美者，他就不能跟他做个方便的邻居，甚至于不可能做邻居。他的自尊心是傲慢的，不容人的，暴虐的。但是伏尔泰的错处尽管再大些，也不能大到使佛勒龙成为可敬的人物。平心而论，一个人幸而生与一个大才人同时，却不幸这个大才人有些性格上的缺陷，更不幸而要把他的光阴、把他的一生费在困扰他、刺激他的上面，费在使他犯出他所可能犯的一切错误上面，这该是多么可悲的一个行业呀！这是一种卖力不讨好的赌赛，并且就是以最大的冷静去赌，佛勒龙也很快地就输了。他输得可耻，可惨。因为，正如歌德谈到他时所说："公众和古代天神一样，总是欢喜站在胜利者的一边的。"佛勒龙从原则上起就把他的敌人估计得不够。不要找上诗人罢，有人曾这样劝道："任何真诗人都在他的箭囊里有一支阿波罗的箭。"此所以，那不幸的佛勒龙被箭射中了，刺穿了，活剥了皮了，只落得人家耻笑，就连恨他的敌人的人们也不肯宽恕他。[44]后世是用不着为他翻案的；实在也无法翻案，道地平庸的几页文章是不够上诉的理由，更谈不上撤销原判了。要找那时代的真正的、活生生的文学批评还是应该在伏尔泰的著作里去找；在格林的作品里去找也可以，就是在拉·哈卜的作品里也还能找到。[45]

IX 后世的评价

　　在接连的三代人中间，伏尔泰都曾被少数的几个人健康地品评着，虽然这些评论几乎没有发生过任何影响，虽然它们不曾能够巩固起来，在所有的人中间建立起来。当他在世的时候，他曾被他的社会中的几个人，并且在某种程度上也被他的朋友中的几个人完善地评论着，了解着，在他的优点方面和在他的缺点方面一样，在他的美妙而妩媚可人的部分和在他的癫狂与可憎的乖戾部分一样。谁愿意拿起当时的许多"通讯集"，把居德芳夫人、赫诺院长（Président Hénault）以及那一社会里其他的人关于伏尔泰所说的话和所作的评论，把伯劳斯院长、佛勒德利克、克勒基夫人（Mme de Créqui）所作的评论都搜集起来（我曾给这些评论提出一些标本），谁要是这样做的话，谁就能对真实的伏尔泰有个概念，这个真实的伏尔泰不是一般人所共认的那样，没有被门户之见理想化和高贵化，不过他在文才方面的全部光荣还是被一致承认的。但是几个明见的、确知的证人的这种意见很少流传下来。伏尔泰晚年所采取的那种与世远隔的状态，他从他那费尔内的框栏里远远地给那些没有看到他的暴烈而漫长的少年时期的后辈人们所引起的那种对他的崇敬，他那种博学多能而孜孜不倦的老年终于在法国、在欧洲激起的那种一致的赞美，这一切就准备出了他死时的那种无上的哀荣，当时很少有人起来反对。然而，就是在那从此战胜一切的哲学阵营里，也还有他所曾蔑视与侮辱的那个卢梭的门徒与信士弟子，他们在骨子里都还是反对他的。在大革命完成了它的破坏工作之后，许多伏尔泰的供奉者对他的崇拜都采取了超过半脱离的态度了；他们感觉到了他以前所冒昧破坏了的那些制度的价值；他们切切私议地说，如果伏尔泰在世，他自己也会和他们一样地惋惜那些制度；人们更清楚地意识到了他的自相矛盾之处，因而一面对他那种不可摹拟的、引人入胜的才情依然保留着赞美的心情，另一面却开始带着一种道德方面的严厉去批评他，而这种严厉是有经验作根据的。玛丽-若瑟夫·舍涅还继续赞美伏尔泰的一切，他给他的那首《赠诗》可以成为那群伏尔泰派的辉煌的标榜；但是具有审美力而同时慧眼又向更高的境界睁开了的人们，比方，像冯丹先生那样的人们，就很知道伏尔泰一面是妍美的作家，有其不可磨灭的功绩，另一面又是过当的讽刺家和冒昧到不可原谅的哲学家，产生了一些恶果，此二者应该并存不废。因此，在这第二代人中间，伏尔泰也有了些极明眼的、极公正而有分寸的评判人，他们知道分出功与过两个部分。

至于我所称为第三代人的，其中我也不揣冒昧地把与我同年的人们放在十年以长的人们之后，这一代人倒没有什么过度的赞赏需要纠正，却有一种或多或少相反的情感需要觉悟过来。夏多布里昂先生（他毕竟还是伏尔泰的相当公正的评判人）的影响，斯塔尔夫人的影响，也就是说，始终是卢梭的影响，一种唯灵论的、尊重人性的哲学的苏醒，再加上虽没有达到心灵却至少达到了想象力的那种宗教复兴的力量，最后还有时而从歌德和席勒的祖国里吹来的，时而从莎士比亚、华脱·斯考特、拜伦的祖国里吹来的那种文学影响，这种种不同的总原因曾对于我们中间的好几个人起了很大的作用，一直影响到了我们对伏尔泰的最初阅读。有几个人很想过分地否定他。但是，时间渐渐久了，自己的青年时期的执拗与骄矜之气渐渐消失了，大家对那种纯任自然的语言也就有了较公平的评价，这种语言只要求做表达最可爱的良知的流畅官能，而在伏尔泰的作品里它每每正是如此，当作家们的文笔冒险尝试过种种飞腾而达到疲乏之后，大家都是乐于在这种可称母体的泉源里再浸润一下，再凉爽一下的。人们又爱上那许多优良品质，如鲜明的准确、戏谑的理性和绰约的风姿了。因此，我相信我们可以不算太自夸地说，在这第三代人中间，也有不止一个人虽然在基本要点上没有改变态度，但已经回过头来在伏尔泰身上看到，就伏尔泰论伏尔泰时，就其作品所产生的直接影响论伏尔泰时所应首先看到的东西。但是这些影响（其不幸在此），它们都不只是直接的、关系他那一个时代的，它们还要为好几代的人出马奋战，并且现在这些影响还在方兴未艾。论为人，论作品，伏尔泰已经有了定评了，被认识清楚了，至少可能是这样了；而作为战士而论，作为宗派的领袖而论，伏尔泰还老是继续活动着哩。正如一个名将，虽然已经死了，但是提起他的名字来还能先声夺人，人家还把他绑在他的马背上，恶战又在他的周围打起来了，和在一个最骁勇的战将的周围一样。他是命该参加无穷论战的选手。在这种纷争之中你去要求不偏不倚罢！所谓后世，是一浪催着一浪、陆续消逝着的，真是可怜的努力啊！人们用尽气力想做到公平，看得准确，才差不多达到了这一点，立刻又闯进一层新人来，再一次地把一切都搅翻了，把一切都提出来重新争论了，或者根据热情，或者根据信心，他们都只愿意看到一面，不管是拥护或是咒骂都是走极端的，就是这样，一切都永远地要周而复始。[46]

注释

1　马莱（Marais），卓越的律师兼精敏的文学家，圣勃夫曾研究其《日记》。——韦尔茂特注

2　波瓦洛的讽刺诗《自讼》里的两句，作者假定是孟多协（Montausier）骂诗人的。

3 鲨白（Chabor）原是一种鱼名，这里作专名词用，可能影射对方阴事。

4 以上见《新月曜日》第十一册。——韦尔茂特注

5 包林伯洛克（Bolingbroke, 1678—1751），英国政治家兼哲学家。

6 柏林科学院终身秘书之一居波瓦先生（M. Émile du Bois Reymond）在一篇公开演讲中（1868）曾论及伏尔泰与自然科学之关系。居波瓦先生曾为这个问题惠然于 1868 年 4 月 11 日给我写了一封信，信里说："我相信，伏尔泰住在西来那么热诚地搞着科学工作，其结果不只是给他提供了几句好诗；科学工作对于他的精神曾有一个明显的影响，正是科学工作，也可以说，正是这种思路——只有这种思路才使他能搞科学，但是相应地，科学工作又趋向于发展这种思路——正是这种思路产生了作为伏尔泰的思想之特质的那种实证精神。总之，我觉得，伏尔泰对时代所起的作用，虽不能说在科学工作中有了萌芽，至少这种工作也是一个很重要的因素……"——我们法国人呢，我们做起结论来总是有点太快。不管我们怎样努力纠正，总多少有点像伏尔泰自己在《戆第德》（Candide）里介绍的那位卜罗高居兰特大人（Seigueur Pococurante）。德国批评家则不然，他们是打破砂锅问到底的，自诩能将因与果严密地联系起来。谁有闲工夫，如果他好奇的话，尽可以把问题拿去研究一下！——原注

7 妲丽（Thalie），希腊神话中司喜剧的女神，这里是借指季诺小姐。（关于季诺小姐，参阅《白丽妮丝的重演》。）

8 摘自《月曜日丛谈》第十三册。——韦尔茂特注

9 若丹（Jordan），一个法国流亡者的儿子，1700 年生于柏林，佛勒德利克欢喜他，把他引置身边。——韦尔茂特注

10 摘自《月曜日丛谈》第八册。——韦尔茂特注

11 今天似已证实：这幅绝妙的伏尔泰肖像，在佛勒德利克的纸堆中发现的，不是出自他的手笔，他只是在亲手抄录的时候肯定了它的准确性。——原注

12　费尔内（Ferney），现称费尔内-伏尔泰（Ferney-Voltaire），法国邻近瑞士
　　的一个小市镇，伏尔泰在那里住了二十年（1758—1778）。

13　摘自《月曜日丛谈》第三册。——韦尔茂特注

14　本地舍利（Pondichéry），法国以前在印度半岛上的殖民地。

15　指1856年开罗尔先生编印的那个集子。——韦尔茂特注

16　达干发行的一种文学刊物。——韦尔茂特注

17　刚加内力（Ganganelli），原为方济各会（Cordeliers）教士，当选教皇后称
　　克勒孟十四世（Clément XIV），1769—1774年在位。

18　西斯特干（Sixte-Quint），即西斯特五世，1585—1590年任教皇。据传说，
　　教廷大主教都怕有一个精明强干的教皇，他一向扶着拐杖装着老态龙钟的
　　样子，以免大主教们畏忌。一当选教皇，他便立刻抛掉拐杖，挺起腰来，
　　高唱颂主歌；后来在改革教规、解决宗教争端方面显出了很大的毅力。

19　狄奥仁（Diogène，约前404—约前323），古希腊的著名哲学家，主张纯
　　任自然，蔑视一切礼俗；生活刻苦，带一匹狗住在一只大木桶里；他鄙
　　视人类，认为人都不像是人，因而他白天手持灯笼在街上走着，说是要
　　"找人"。

20　左易尔（Zoïle），古希腊的批评家（公元前4世纪），忌妒荷马而予以刻薄
　　的批评，因而成为偏私可笑的批评家的典型。

21　拉巴尔骑士（Chevalier de La Barre，1747—1766），法国贵族，因被控打坏
　　一座十字架，判处斩首焚尸。

22　我一点也不瞎诌：我的假定只是事实的回忆。可不是吗，在格林
　　（Grimm）的《文学通讯集》里，人们可以读到1766年1月1日的这样的
　　一段：

　　　　"关于伏尔泰先生和让-雅克·卢梭，我们应该在这里记下一个轶事，
　　是一个目击者有一天说给我听的。那一天，他刚好在费尔内，伏尔泰先生
　　收到了《山中函札》，读到关系到他的那段呼名直斥；你看他，目光就和

火一样，眼睛里闪烁着怒气，浑身都在颤抖，并且他用可怕的嗓子大叫道：'啊！坏蛋！啊！怪物！我非叫人揍他不可……嗯，我要派人到山里去揍他，就在他的保姆的膝上去揍他。''安静点罢，'我们这位先生对他说，'我知道卢梭还想来拜访你呀，不久他会到费尔内来的。''啊！让他来好了'，伏尔泰回答。'但是，你怎样接待他呢？''怎样接待他吗？……我请他吃晚饭，请他睡我的床，我告诉他：这是个好晚餐；这张床是我家最好的床；请你惠然接受这二者，幸福地住在我家。'"

"这一点，"格林补充着说，"使我感到很大的愉快：它刻画着伏尔泰先生比什么刻画得都好。寥寥两行就写出他整个的生平。"

格林所说的那个人很像李尼亲王（Prince de Ligne），他在他那一方面也叙到伏尔泰在费尔内的一席谈话如下：

"我不欢喜，"伏尔泰说，"心眼儿坏而又自相矛盾的人们。规规矩矩地写些文章拥护或反对一切宗教，是狂人做的事。比方，像让-雅克那篇《萨伏瓦牧师宣教录》是个什么东西？"这正是他最恨卢梭的时候；他骂他是怪物，说像他那样的人驱逐出境是不够的，处流刑才对，正在这时候，有人对他说："我似乎看到他进到你的院子里来了。""在哪里呀，那不幸的人？"他叫道，"让他来呀！我张着胳膊等着他；也许他从纳沙台（Neuchâtel）和附近地方被驱逐出来了。赶快去找他！带他来见我；我所有的一切都属于他。"

由此可见，毫无疑义地伏尔泰一定曾说过类似的话。——原注

23 威尔什人们（Welches），德语，原指高卢人（Gaulois，法国人的祖先），后被德国人用来鄙视一切外国人的名称，含有无知及野蛮之意。

24 指 1572 年 8 月 23 日圣巴特勒密（Saint-Barthélemy）节的夜里法王查理九世下令屠杀新教徒的那一次惨案。

25 拉沙罗太（La Chalotais，1701—1785），法国不列颠省的检察长，曾策动取消耶稣会。

26 摘自《月曜日丛谈》第十三册。——韦尔茂特注

27 指罗安骑士事件。

28 下文述伏尔泰和沙特来夫人怀疑格拉菲妮夫人将《贞妮》这首诗抄给外面人看了，大闹了一场。不久，格拉菲妮夫人就离开西来，到了巴黎，独自努力，成为名噪一时的女作家。

29 摘自《月曜日丛谈》第三册。——韦尔茂特注

30 为了好好地了解这一点，应该回想到达让逊常提起注意的一件事，就是：精神之勇与肉体之勇根本是两回事，伏尔泰在灵魂里有很多的胆量，甚至于有很多的冒昧，但一到身体上有一点危险的时候，他就胆小了，懦怯了。他向人挑战却又不敢和人决斗。——原注

31 《圣经》故事：耶稣背着十字架，想在一个犹太人门口休息一下，这犹太人粗暴地拒绝了他；耶稣说："你将到处流浪，直到我回来的时候。"自此犹太人就到处流浪了。

32 摘自《月曜日丛谈》第十二册。——韦尔茂特注

33 摘自《初期月曜日》第三册。——韦尔茂特注

34 指佛勒德利克因死了他所最爱的妹妹〔即邦主夫人巴蕾特（Bareith）。——译者〕而向伏尔泰要求一篇挽词。——韦尔茂特注

35 摘自《月曜日丛谈》第十二册。——韦尔茂特注

36 佛尔迈（Formey，1711—1797），德国哲学家兼文学家，原籍法国。

37 关于这一点，佛勒德利克自己也要伏尔泰放规矩点，那是1753年4月19日的一封信，正写在伏尔泰印行他那篇《驳正》，一面为自己报仇，一面又很想充着为许多国王报仇的时候："我并没有和你订同盟，使你来卫护我，拉波迈尔曾想说我什么坏话，或说我的国家什么坏话，我才不管他哩。你应该比任何人都知道得更清楚，我是犯而不校的。我看着人家冒犯我，只惋惜那些足够险恶到来冒犯我的人们。"——原注

38 法王对新教徒的压迫在南特诏令正式撤销之前很多年就已经开始了。——

原注

39 瓦兹农虽然不很够评论别人的资格,但他谈到拉波迈尔时却看得不算不清
    楚:"他有才而没有任何审美力,他有哲人的风度和狂人的行为……他写
    了一部书,依不同的题目分着章(《我的思想》或《清议》),有一两题可
    以信为孟德斯鸠院长之笔,更多的像出于他的走卒之手。"

40 摘自《月曜日丛谈》第十四册。——韦尔茂特注

41 在他著的《被遗忘与被鄙弃的人们》一书中。——韦尔茂特注

42 玛丽·勒克辛斯卡(Marie Leszczyńska,1703—1768),路易十五世之后。

43 太子名路易(Louis,1729—1765),早死,未继位;路易十八世和查理十
    世都是他的儿子。

44 就是高来,他是不欢喜伏尔泰的,他在他的《日报》里,一面为散布在
    《苏格兰女子》中的那些侮辱性的个人影射而感到愤慨,却同时又觉得不
    能不补一句:"然而没有一个人能有一种鄙视比我对佛勒龙的鄙视更冷酷、
    更深刻。"——原注

45 摘自《新月曜日》第七册。——韦尔茂特注

46 摘自《月曜日丛谈》第十三册。——韦尔茂特注

拉杜尔夫人与卢梭 *

注释

* 全名为《得·拉杜尔-佛郎克维尔夫人与让-雅克·卢梭》(*Madame de Tour-Franqueville et Jean-Jacques Rousseau*), 1850 年 4 月 29 日星期一发表,载《月曜日丛谈》(第二册)。

1803 年出版了一部让-雅克·卢梭和当时最崇拜他的一个才女得·拉杜尔-佛郎克维尔夫人的通讯集，其内容都是前此没有发表过的。卢梭和她通讯完全出于勉强，从头到尾，他的每一个小条子都仿佛是硬要去的，但是这个通讯集有这么一点很重要、很有意义，就是双方函札往还一直连续不断，构成了一个完整体。写信人没有打算把这些信公开出去，它们使我们看出让-雅克的本色，从《新爱洛伊丝》发表之明日起直到他的精神失常无可救药的时候为止。我们在这些信里可以扼要地研究着他那些怪癖、那些坏脾气继长增高的发展，其中也夹杂一些神志清明的时候，和稀有的闪光一样，显得他妩媚可人。同时我们还可以在这些信里研究一下当时的读者大众，并且透过最突出的女读者之一，透过女读者之中确实最热心爱护他的人，来研究一下，如果我们可以这样称呼的话，来研究一下卢梭的妇女。

任何一个伟大的诗人，任何一个伟大的小说家都有他的赞美者的队伍，特别是妇女队伍，她们激赏他，她们包围他，她们抚爱他，她们甘心乐意地为他牺牲，并且（请她们原谅我这种说法罢）如果让她们发展下去的话，她们会把他和奥尔菲[1]一样，撕成细块。但是也就是在这里，在这种包围他的队伍中，在这种反映一切、夸大一切的队伍中，我们有时感到很方便、很有趣去认识一个作家，看出他的真面目。告诉我谁赞美你，我就告诉你你是什么人[2]，至少，在才调，在审美方面，你是什么人。今天，这种队伍的实例很多，我们曾看到形形色色的走过去。夏多布里昂先生在发表了《阿姐娜》和《雷内》之后，就曾有他的许多女赞美人，她们都是火热的，高贵的，缠绵的，纤弱的，忠诚到不顾性命：人们仿佛看到那位面色苍白、婉转动人的得·波梦夫人（Mme de Beaumont）在领头走着。最足以使人看出夏多布里昂先生的才华之品质的，就是被他风靡、因爱才而拜倒在他面前的妇女，一般地都具有不平凡的天性。后来拉马丁先生来了，我们就有了成千上万的爱尔菲（Elvive）的姊妹，都和爱尔菲一样，好梦想的，忧郁的。到最后几年，《饶思兰》发表之后，这圈子扩大了，更正确地说，改变了，那些爱尔菲都变成了洛伦丝（Laurence）。名小说家巴尔扎克先生也有他的妇女队伍，比任何人都多，那是大群的

132

三十岁的妇女，或者三十以上的，他把她们的弱点掌握得太好了，把她们的内心隐疾正搔到痒处了，那都是些神经过敏的、热得发狂的体质，他曾有那种艺术使她们着魔。白那丹·得·圣皮埃尔发表了《保尔与维姞妮》之后也曾被赞美他的妇女所包围，其中以得·克鲁内夫人（Mme de Krüdner）为最热烈者之一。但是在法国开始这种大革命的是卢梭，就文学而论，他真正把妇女拖进圈子里来了。这半个人类直到那时为止，都是严格克制住的，相当缜密，不大表示态度的，他却把她们动员起来，拥护着他；女性对他的热烈同情真是史无前例。在《新爱洛伊丝》之后、在《爱弥儿》之后爆发出来的那种普遍大暴动，那种作为1789年大革命之先驱、远远地准备着大革命的大暴动，我们怎么能描写得出来呢？斯塔尔夫人、罗兰夫人不久都不都站到我所谓之"让-雅克妇女"的那个队伍的最前列了么？得·拉杜尔·佛郎克维尔夫人没有她们那样显赫，没有她们那样惹人注目，但是慷慨与热诚却不在她们之下，她是"让-雅克妇女"中最早的一个；她是那妇女队伍的开路先锋；在她所衷心拥戴的人这样被人称赞之中，她是值得人们给她留下一个特殊位置的。

　　这位拉杜尔夫人究竟是什么人呢？她使为卢梭作传的人们费了不少的心血，因为卢梭自己是负义的，他在《忏悔录》里不曾有一个字提到她。人们所知道的都来自缪赛·巴太先生（M. Musset-Pathay），来自得·拉·包特先生（M. de La Porte），后者曾为她写了一篇小记；拉夫内尔先生（M. Ravenel）又给我提供了一些准确的材料，可以补充前两人的不足，纠正前两人的错误。她的名字是玛丽·安娜·美尔来·得·佛郎克维尔；父亲是办财政的。她以1730年11月1日（这日子是准确的，录自正式文书）生于巴黎，1751年7月与阿里桑·拉杜尔结婚，丈夫也是财政界人士，充巴黎市政府会计长。在《新爱洛伊丝》出版时期，她近三十岁了：这正是最老实的妇女都开始敢作敢为的年龄。拉杜尔夫人有个亲密的女朋友，我们不知道姓名；这两个妇女读着这部新小说，一个觉得自己就是书中的克莱尔，另一个觉得就是汝丽：她们又惊又喜地叫了起来。特别是克莱尔，比较活泼些，她毫不迟疑地就宣称她的朋友是汝丽，是不折不扣的、十全十美的汝丽，是犯错误之前的汝丽。凡是凭想象力写出来的作品，其伟大的成就就决定于作者的创造能否使无数同时代的人一读到便觉得在书本中认出了自己：他们先根据与自己有关的几个基本特质把自己与书中人统一起来，到最后，在其他方面，他们就跟书中人学样了。诗人也好，小说家也好，他原来只想把自己梦想中的幻影体现到书里来，而他竟找到了当时人所期待已久的那种形式，找到了当时人的想象力早就模模糊糊地喜爱着，而又没有他就说不上来、看不清楚的那种形式。所以从书出版的第一天起，凡是这样想象着的人们都扑到这本书上来，因为这本书或多或少是他们自己的一面镜子，他们开始以热爱与感激的心情崇拜着作者，就仿佛作者写书时心目中只想到他们。原来人所喜爱的始终是自己啊，纵然是在他所赞美的形象里面。

《新爱洛伊丝》出版已经两年了，她到处燃起内心的火焰，蹂躏着富于情感善于想象的心灵。卢梭那时是四十九岁，退隐在蒙莫伦西（Montmorency），享受着那最后一阵的休息（一种很受扰乱的休息），在《爱弥儿》的出版把他的生活搅得天翻地覆之前。1761 年 9 月底，他接到一封匿名信，信里说："你应该知道，汝丽并没有死，她在为爱你而活着；这个汝丽不是我，你看我的风格就知道不是的：我至多只是她的表妹，或者更正确地说，是她的朋友，和克莱尔是她的朋友一样。"这就是拉杜尔夫人的女友在信里饰着克莱尔，并向让-雅克介绍着一位新的赞美他的妇女；表示这妇女的本身也是值得赞美的。写信人替这位不认识的汝丽大大地夸奖了一番，并说她有权和伟人往来，然后又告诉卢梭回信的方法。卢梭果然回信了，并且这第一次是跟着邮班就回信的，不等对方来催。一个人尽管是愤世者，尽管孤僻得和熊一样，忽然一个新的，还带有神秘性的赞美这样引人入胜地送上门来，总归不能无动于衷的。但是，从这第一封信起，他就做了预防工作，他已经把自己的面目连同他那些忽风忽雨的怪癖都描写出来："我希望，夫人，虽然您的信开端是那么写的，我希望您不是作家，希望您永远不打算做作家，我希望您不是来向我挑战，要我和您比文才，这也和比剑一样，我既无此技能，又感到十分憎恶。"接着，他就十分郑重其事地把这幕饰克莱尔、饰汝丽、饰圣卜劳的戏唱起来，并且唱得很长；在一个受过好教育的作家，风雅的做法就是佯装着把对方当作他所创造的人物而轻松愉快地对待着她们，卢梭却不如此；他继续尊敬她们，亲切地谈论她们，仿佛她们都是真正的模特儿："您报告一个汝丽的编辑人说，另外还有个汝丽，一个实际存在着的汝丽，而您就是她的克莱尔。为你们女性，甚至于也为我们男性，我都感到欣慰之至；因为，不论您的女友怎样说，只要一有汝丽和克莱尔其人，就不会没有圣卜劳其人；您把这句话告诉她罢，我要求您，以便让她好好提防着……"接着，他一想到他居然能有地方找到他所梦想的那两个形影不离的女友的形象，他心里就突然燃烧起来了；不知不觉之中他所特别爱好而成为他的文学上口头禅的那种直呼语式又脱口而出了："可爱的朋友们啊!"他叫着说，"如果你们是像我心里所假定的那样，则为你们女性的光荣计，为你们终身的幸福计，我祝你们永远遇不到圣卜劳那种人! 但是如果你们也像书里的那两个人，我就祝你们凡是遇到的人都和圣卜劳一样!"

这些话，今天冷了之后被人读着，被我们不曾感到同样热情的这一代人读着，仿佛有些离奇，令人发笑。卢梭走出这一阵小说式的冲动之后又回到现实上来，并且又现实得过分了，他向他所不认识的那两位少妇详细地摊出他身体上的病痛和精神上的缺陷："你们说要和我相识；你们一定不知道您给他写信的这个人患有险恶的不治之症，不知道他活着的每一天他都在痛苦与死亡之间斗争着，不知道就连给您写的这封信都常被性质完全不同的精神恍惚所间断了。"我们如果知道卢梭患的是什么样性质的病，就会对他这种直接的提示感到有些惊讶。

蒙田也曾说到他所患的类似的病，但是他是对他的读者说的，也就是说对大众说的；而卢梭却是在写给初次通讯的两个少妇的私信里说的：这就是过甚其辞，有意铺张了。

不过，如果卢梭能含蓄一点也许反而做得不对；因为那两个妇女在续写的那些信里也就大谈其体质问题，不仅表示关切和爱护，并且啰嗦得使人不耐烦，有时她们竟讨论到循环管道和先天缺陷问题，和外科医生、解剖学家一样。这都不过是缺乏风趣、有失雅致的地方，这种地方正是时代的特征，尤其是以卢梭为代表的那一派的特点。

另一个同样重要的特点就是那些信的语调和风格，不但是那两个女友的信，就连卢梭的短简也是如此。我发现这些信里用虚拟格的正过去式太多……[3]有些写得好的片段里，风格是那么规则、那么遒劲、那么可佩，但我总感到一种酷辣而高亢的语音底子，读了有些刺喉咙，那还是一点外省土音的残余。

我说出了许多毛病，但是我们不应该一开始就在这些上面用功夫，这篇小小说才入题哩，还是不要失去线索罢。为了使读者首先知道拉杜尔夫人长得怎么样，这位自觉有权与汝丽·得丹日相比的汝丽长得怎么样，为着证明她和书中人并不相差太远，我最好是把她的自画像拿出来，这个自画像是她自己寄给卢梭的，因为有一天卢梭忽然来了一句平生稀有的温存语，问她是作怎样的装束，以便使他易于想象，他说，使他对她能有个概念。我们知道她一共只见过卢梭三次，在她写自画像的时候，她还没有拜访过他哩。

"不论我想怎样准确地给你细写我的仪容，"她写信给他说，"我都不可能使你确知我的全貌；我不知道怎么办才好，我很觉得歉然。至少，关于我的身材，我不愿意劳你猜想；我穿着适当的高跟鞋，有四尺九寸九分高，肥瘦尚称适度。我的脸，因为略有几点麻子，是我全身最不白的部分，但作为一个棕发的女子来说，也还不算太黑。脸模子是纯粹的椭圆形，侧面颇不难看。我的头发是深棕色，长的部位极好；额部略高，形式很规则；眉毛黑黑的，弯度很美；眼睛不凹不凸，很大，呈深蓝色，瞳仁很小，眼皮黑黑的；我的鼻子不粗不细，不短不长，一点也不尖，但使我全部面容有些像鹰；我的嘴是小的，边缘很够清晰；我的牙齿是健康的，洁白的，排列整齐的；我的下巴长得好，颈子也生得不错，虽然嫌短一点。我的胳臂，手，手指，乃至指甲都像画家的奇想所要勾勒出来的那样。现在谈谈我的仪容罢，因为，感谢上苍，我有一个仪容。我的仪容表示出的，满足多于快乐，仁厚多于温柔，活泼多于调皮，灵魂多于智慧。我的眼光是迎人的，举止是自然的，微笑是真诚的。你看着这幅画像——这幅确实是我的画像，你要以为我美得像天仙一样了？然而不然！我只有那么一副面孔，够人一看再看就是了。剩下还有一点，与一个人的本身有足够的关系，值得特提一提，同时也是你所不曾见弃的：这就是装束问题。通常我的头发就是我唯一的首饰：我尽可能随随便便地把它卷在头上，不加任何点缀；说真话罢，我太爱我的头发了，绝不愿把它弄成小气巴巴的。因为我很朴质，又怕冷，所

138

以全身露出得很少，和我同年龄的妇女没有一个像我这样。我的全部装束没有一点配称装饰品的。比方，今天，我就穿着一件灰绸袍子，疏疏落落地洒着些玫瑰色的点子……"

你把这样一个妇女放在她的钢琴前面，唱着《乡村卖卜人》[4]里的一支歌曲，或者把她放在她的写字台旁边，面对着排列整齐的让-雅克全集，上面还挂着她奉为教圣的那个人的相片，你就算看到拉杜尔夫人了。

如果读者还没有完全忘记我以前曾引过的另一幅可爱的画像——17世纪一位贵妇古赛尔（Courcelles）侯爵夫人所写的自画像，则他们就可以想象到两种格调、两个世纪的明显对立之处：一边是细腻的、隽永的、轻灵的优美；另一边是一些比较坚劲、比较明晰、绝对不容鄙视的线条和一种优美的风度，这种风度所缺少的只是某一种随便的、自然的漫不经心。

卢梭自己就感觉到这个缺点，虽然这种美是属于他那一派的，并且是从他的理想的模子里脱出来的。他觉得拉杜尔夫人有个清晰而明朗的头脑；他初一接触，就已经在她的信里注意到字的笔划连接太紧、太老练，书法极端规则，标点"比印刷厂总校阅的还要准确"，总之，他在信里早已感觉到有那么一点东西使他那多心的人一时竟怀疑可能是一个男子冒充女子来跟他开玩笑。他在拉杜尔夫人身上看到他的作品，不由得他不认为他这一个作品太完善了。

拉杜尔夫人是个才德兼备的妇女。她嫁了一个不肖的丈夫，终于在家庭的怂恿与同意之下和他分居了，但她绝不利用她这个不幸而另寻安慰。然而她和卢梭学派的所有的妇女一样，也有个缺点：她不但谈她的心情和她的风韵，她还谈她的性格，她的原则，她的品行和她的道德。我不知道17世纪的妇女是否多多少少也有这些东西；但是，一般说来，她们自己却不谈这些，这样确实是比较可喜些，比较合适些，因为，既没有，就宁可不要瞎吹，有而不自矜伐，让别人去发现，则愈觉温雅有蕴藉。

拉杜尔夫人有一天写信给卢梭说："如果我的心不是高出流俗的话，我都不敢自承我关怀你到什么程度。"这是她对自己的平心之论，当然，她的心是高人一等的。但是当一个人真爱的时候，当他以心灵的热情去爱而不是以头脑的热情去爱的时候；他会想到把他的心从流俗中抽出来而独标异格么？真正热爱的妇女，比方，那"葡萄牙的女修士"，她曾想到这样做吗？

拉杜尔夫人对让-雅克的热烈爱慕绝不是假装出来的，是真诚的，但其中也有虚伪之处，和它的对象、它的英雄自己也有虚伪之处是一样的。她奋激地、固执地想着她的热情的纯洁性，认为激发热情的动机是美好的。她很想把那位老残的愤世者造成一个真正的圣卜劳，造成一个浑身是灵魂、是智慧，浑身是一团热火的理想的圣卜劳。女性的本能，也就是说她的良知，有时倒也低声地告诉她，说她从他那里期望不到什么东西，说她连要封回信都不容易，说一个女子这样盯住一个忧郁善怒的男人（哪怕是个大作家），而这个男人一点也不把她放在心上，并且讨厌她，这究竟是不很合式的。然后，忽然她自己又反驳了，她叫道：他是人啊！你说的那一套又有什么关系呢？"在一种纯粹的灵魂交感中还应该无谓地分什么男女吗？"这就是虚伪了，这就是不可能的事开始了。正是男女不同之性（你不懂得吗？）在这些信里老是提了又提，或者意在言外，含糊地暗示着、含糊地感觉着，才构成这些信的美妙之处啊，尽管这些信是最纯洁的，除这种美妙之外找不到其他任何东西。

拉杜尔夫人的女友，自称为克莱尔而代表她开始通讯的，第一个并且独自一人停止通讯了。她老是挨到卢梭的狂风暴雨，耐烦不得，这种风雨在某些日子里确实也是狂暴得厉害，特别是这两个女友逼他写信、逼他回信的时候，而她们逼的次数又太多。有一天，因为她们嫌他写的回信太少，又太短，把他追逼得、啰嗦得太过了，卢梭忍无可忍写给拉杜尔夫人这样一封短信：

　　1762 年 1 月 11 日于蒙莫伦西。当年圣卜劳只有三十岁，身体很好，只贪求享乐；让-雅克·卢梭跟圣卜劳太没有相同之处。汝丽看到我上次写的那封信，就应该为我的身体担忧，不应该因为我不写信而生气；她不应该在这种情况下还消闲自在地数着我的信，逐字推敲。拉（杜尔）夫人跟汝丽也太没有相同之处了。你很有才，夫人，你很欢喜露一手，你所要求于我的就是信、信：我没有想到你染了住区的习气这样重。

让—雅克·卢梭

　　注意，拉杜尔夫人住在王宫区的李施略路，卢梭的最后一句话不啻是一个严重的侮辱[5]。拉杜尔夫人的女友"克莱尔"痛下决心了："我自己在我胸口上狠狠地打了三大拳，"她在写给拉杜尔夫人的信上说，"悔不该想起把你们俩拉上了关系。苏格拉底说，当他想看到一个疯子的时候，就拿个镜子照照自己的嘴脸。我们就把这个药方子开给我们那个畜牲吧。"在她写给卢梭的最后一封信中，这位克莱尔显得比拉杜尔夫人更聪明，或者至少显得她的聪明没有受到蒙蔽，比较调皮些，她给那个巧于辞令的忧郁善怒的家伙来了一句他所能听到的最恶毒的话："去罢，"她对他说，"你生得和其他的人完全一样，毫无异人之处。"莫里哀的陶玲[6]也找不出更好的刻薄话。

　　是的，卢梭最自负的一点，他的精神病的根源以及他的许多私淑弟子的精神病的根源，正是不愿意落到别人的模子里："我生得不像我所见过的任何人；我敢相信我生得不像世界上的任何人。"这是卢梭在他的《忏悔录》开端说的话，而凡是内心与卢梭同病的人都私下地这样说或这样想。雷内自己十分庆幸，他和他那著名的前辈分道扬镳了，但在《纳寨人》一书中却和他一样地叫道："是你，至上的神啊，爱与美的泉源啊，只有你把我创造得像我这样，也只有你能了解我！"对具有这样本质、具有这样癖性的人们，最能刺到他们心的致敬语就是对他们说："人们了解你，人们认识你，人们赞美你；但是你也有与你相同的人，或者至少也有与你相似的人，比你所相信的要多些。"

拉杜尔夫人不像她的朋友克莱尔一样做法；她一点也不灰心。她不但脑子里装满了卢梭，她并且真诚地爱着卢梭，火热地，无理地，像一个女人第一次找到对象来寄托她的浪漫情感时那样全心全意地。在最初的几封信里，由他写出的几句话，对她们两人写的几句话，本来是纯属文学性质的语句，而她却私自夸大着这些话的意义，不断地读了又读，使她相信她曾有一个时候在他的心里占到了一个也不晓得是什么位置，其实，自从胡德多夫人（Mme d'Houdetot）打卢梭的心里经过之后，卢梭的心里就没有空位置给任何人了。她独自再继续通讯，这次是瞒着克莱尔的；她表现得和任何人在爱的时候所容易表现的那样，她表现得嚕嗦，固执，常常又很笨拙；她纠缠不休。她不断地受奚落，却又回头进攻，永远不知厌倦。她高傲而又多情，受了许许多多的创伤，却永远不能阻止她曲加谅解。卢梭先送给她的"汝丽"这个名字后来又撒回了；他从此只称她"玛丽安[7]"了。卢梭对她表示的好感已经是讨价还价地争来的，已经是这样稀少，这次又打个令人痛心的折扣，她也忍受了，并且只要能得到一点，她还表示感激。他有时甚至于连"玛丽安"这个名字都忘记了，写信给她时不知道怎样称呼她了；还需要她来提醒他。不管，她还是只要他稍微给点颜色就着了魔，实在不值得感动的地方她也感动了。卢梭逃到瑞士，住在毛迭（Motiers）的那两三年（1762—1765）是通讯最规则的时期，同时也给那可怜的玛丽安带来最多的安慰。有一天，卢梭在收到我前面引过的那自画像的可爱的一页之后，写信给她说："今后，你给我写的全部亲切的话我都假定是从这样一张好看的小嘴里说出来的，你给我表示的全部友谊我都假定是在这副配有黑眼皮的深蓝色眼睛里看出来的，这于我该是多么惬意呀！"这就是最美好的一刹那。"你知道吗？它可爱极了，你这封信，"拉杜尔夫人回信说，"你还知道吗？为着使我不感到你这人太可爱，我不得不想起，在你有时给我带来的那些晴朗的日子上，你又盖上了那么多的乌云！……如果你的脾气更正常些的话，你就太使人留恋了；就是现在这样，你已经够使我留恋得忽喜忽悲；再使我更留恋些就反而会太过了。"说句公道话罢：有些时候我们也难怪卢梭不耐烦，我们几乎要同情他；因为拉杜尔夫人所求太过，自己仿佛还一点不知道。有一天，她又寄了一张相片给卢梭，但这次是个袖珍画像。她对这次的寄赠非常重视，对于一个女人来说，对于一个正在恋爱中的，人家还没有见过她而她正在向人求爱的女人来说，这种重视是极自然的；但是也唯其如此，这种重视以过分的操心表现出来了。她要卢梭一收到那张相片或那封寄相片的信，当时（哪怕复信候八天再发出，也没有什么关系）就写……写什么呢？……写他的第一个印象。她要把这第一个印象活生生地掌握住，要它从脑子里和心里一跳就跳到纸上来。卢梭就服从了，但是只有两句话，对那多情的玛丽安来说，太冷淡了："总算收到了，这张不负所期的宝贵的相片！我接到手时正是我被些讨厌鬼和外国人包围着的时候。……我觉得我应该告诉你一下收到无误，以便使你放心。"那可怜的玛丽安只收到这样少的一点回答，失望极了，气极了："你这样沉默寡言叫我难过极了，我的朋友。"她本想知道人家看着这张相片觉得她长得怎么样；她还特别细心地嘱咐说，这张相片并没有美化，大家都说人长得比相片还好些。究竟起来，她是个女人啊。唉！这一切都建筑在一个幻想上面，建筑在这样一个主观上面：她爱着，也就会被爱。殊不知胡德多夫人以后，卢梭的心就冒不出火焰来了。此所以，尽管她费尽心力，也不能在这颗枯缩而酸透的心里找到一个归宿的地方；她原想在这个光荣里加进一点温馨，一点秘密的慰藉；当然，这在任何时候都是很难做到的，但在她动手尝试的时候，更断然地是太迟了。

　　这一点，卢梭以各种不同的语调告诉她，他给她一一数着：他身体上的许多病痛，他实际受到或自以为受到的种种包围，又是讨厌鬼，又是间谍，又是……我怎么说得清呢？"在这一切当中，"他又相当合情合理地说，"一个不名一文的人不能靠空气生活呀，为着找面包也还要操点心呀。但是我又笑我自己脑筋太简单，竟想使一个巴黎妇女了解这样和她不同的一种境遇，她是有闲阶级，她自己没有别的事，只是写写信、收收信，也要她所有的朋友都不做别的事，只和她一样为写信、收信而忙着……我知道，"他还对她说，是苦话，也是真话，"我知道，人在要求别人做的事上面，心里是不会替别人着想的。"

她每次受到打击，总是又爬起来，并能无介于怀；因为她有慧心，有器量，尤其有一个慷慨的心灵。我不欢喜她，当她在她的偶像面前拜倒的时候，当她庄严地跟他谈宇宙的时候，当她收到卢梭随便寄给她的一篇印刷出来的文章便叫道："我恨不能以宇宙为证，我是多么感激你对我这样另眼看待啊！"我觉得她还是不够可爱，当她又说："你有本世纪的最美的天才，而我呢，我有世界上最好的一颗心……你配叫人家给你立像；而我呢，我也配给你立像。"这都是些浮夸之词，正像让-雅克的手笔。但是她又显出了女人的优点，当她接着又说："你是男子中最多情的；而我呢，虽然或许不能算是最多情的女子，但是比你要多情些；你接受了我的敬礼并无鄙夷之意，我给你致敬礼也并无骄傲之心；你在我身上爱的还是你自己，而我呢，我在你身上爱的却只是你自己，而我们俩做的都对。"

在这时期，卢梭的神志已经受到深沉的恶化了；他开始疯狂，不只是显出普通的、泛指的疯狂，而确确实实是患了严格的、医学上的疯狂病。他在居留瑞士时期跟拉杜尔夫人的通讯中已经有那种恼怒、那种狂妄激发的痕迹了，狂妄是这种疯病的征候，同时也是它的原因："你说任何人对我都不是漠不关心的，"他有一天写信给拉杜尔夫人说，"那太好了！我就看不惯温情的人，我宁愿有一千人恨我恨得要死，而只有一个人爱我也爱得要死。谁不狂热地爱我就不配爱我。"这是病态的心弦在开始颤动了。他已经不能控制自己，一发即不可收拾。

他又说："人家很可能不爱我的书，我觉得这并没有什么；但是谁不因为我的书而爱我，就是个大混蛋：人家永远不能从我的脑子里清除这个想法。"可见他的脑子已经受伤了。我们每想到卢梭正是从这时候起写出了他的一些最好的文章，如《忏悔录》的头几卷和《梦想集》的第五次散步，我们便觉得我们的所谓之人才也者或天才也者，也就太可惭愧了。他那种受伤的头脑仿佛更适宜于产生几个最甜美的果实。由于他在瑞士发现的许多迫害，他决心渡海到英国托身于休谟（David Hume）的好客之门，行前先回了巴黎一下（1765年12月）。最近在爱丁堡出版了一本《休谟传》正好把卢梭这一段生活交代清楚。休谟的一些信在这里是一个宝贵的、大公无私的凭证。这位英国哲人的冷静头脑当时对这位要到他家做客的人很表示好感。尽管许多哲学家警告他说卢梭还没有到加莱[8]就会跟他闹翻的，但是休谟一点也不相信；他看见他是那么温和、那么有礼、那么谦虚，谈起话来又那么自然而然地愉快，有那么可人意的好脾气："他有交际家的风度，"休谟说，"比这里的任何文人都好，除开布封先生，布封的神情、仪表、举止，与其说是像人们所想象的哲学家那样，毋宁说是像人们所想象的法国上将军那样。卢梭先生却是身材矮小，如果不是有一副世界上最美的或至少最善表情的面容的话，宁可说他是丑陋的。"他称之为"玲珑的小人儿"；连卢梭借口身体衰残而穿的那套阿美尼亚的服装[9]，他都看不出是过分的做作。但是，还是这个休谟，一个月后，在他们未闹翻之前，他又把卢梭评论得太正确了；他看卢梭决定一人隐遁到乡下去，便预言他将和在任何地方一样，感到不幸："他将绝对没有事做，没有朋友往还，"他写信给伯莱尔（Blair）说，"并且差不多也没有任何一种消遣。他生平读书很少，现在完全放弃阅读了。他见得不多，没有任何一种好奇心驱使他去看看、观察观察。严格说来，他没有怎么样思考过，没有怎么样研究过，知识的底子不广。他一生只凭感觉；在这方面，他的感觉力已经提高到一种特殊程度，超过我直到现在所曾见过的一切；但是这种感觉力给了他一种对愁苦比对欢娱更尖锐的感受。他仿佛是一个赤裸着的人，不但脱掉了衣服，并且剥掉了皮，就这样露着肌肉，和永远搅乱尘世的那些元素的不时变化作斗争。"真的，他把卢梭的心理和生理状态说明得再好没有了；感觉力病到这样程度的一个客人，又这样沉沦在孤寂里，"既没有事做，又没有书读，更没有伴侣（除了那个下贱的苔莱丝陪着他），再加上没有睡眠"，休谟对和这样一位客人相处的后果早该不那么感到惊讶了。

在这个时期，我忘记了拉杜尔夫人了，卢梭自己路过巴黎时也差一点没有把她忘记。她焦急地等候着他来到时写个短简通知她一下，甚至于也许他还要来拜访她："我曾听说你在巴黎，我亲爱的让-雅克；我不能相信，既然我不是从你那里直接知道的。"但是，这亲爱的让-雅克，那天正赶到没有可爱的兴致："你的两封信都收到了，夫人；老是责备我！就仿佛我不管处到什么境遇都永远只有你，没有别的事。我算知道了，也有些惯了。我到了这里，住在这里，又不是一个秘密。我没有去看你，因为我不去看任何人……"因此，他使她感觉到，使自以为已经是老朋友的她感觉到，她对于他只是个新朋友，只在许多女朋友中凑个数，还没有能在他的心里的一个角落里住下来。不管怎样，她还是壮起胆来；她去登门拜访，到堂堡区（Temple）恭迪亲王招待他住的地方。她在希望他一个人在家的时刻到了，而那时他并不是一个人在家；虽然如此，她还是进去了，照她所表示的那样感激去推测，她被接待得似乎不太坏；告辞时他还拥抱了她一下。这是唯一的一次，她看到她所崇拜的对象获得了若干的满意。六年之后（1772 年 4 月），当卢梭又来到巴黎的时候，她一天早晨又到他家，在石灰窑路（rue Plâtrière），借口是要找他抄乐谱。她不报姓名，他也就不认识她了。两个月后，她又去了一次，报了姓名；她没有获得多大的成功；他用书面给她来个挡驾，表示这第三次的拜访也就够了。卢梭在这时期，完全受制于自己的许多定见，已经不能自主了。

　　然而，拉杜尔夫人曾经在一个值得纪念的场合下显得很对得起他，而他自己也曾经仿佛领略到她的厚谊。那是卢梭去英六个月后和休谟的吵闹爆发出来的时候，全巴黎都卷了进来，说是评非，拉杜尔夫人毫不迟疑——她毕竟还帮着卢梭；在这样的情况下盲目地就干起来，正是妇女们的光荣和权利啊。她明知道他是多么会无故地冤枉人、侮辱人的，但她却公布了一封信，不署姓名，完全替她的朋友的性格作辩护。这封信，今天看来已经失去全部意义了，但可以证明她有一支坚劲的文笔，能作冲锋陷阵的笔战，是一根娘子军的长矛。"我读着这封信，"卢梭写信说，"我的心跳动了，我认出这是我亲爱的玛丽安。"但是这种感激很快地就打他那里过去了，他的心已经被猜疑侵蚀过度，不能长久接受任何温柔的东西了。

论为人，他是奇特的；论作家，他是笔力万钧、炫人耳目的，他使人评论他时不断地要分别看待。他自己做了自己的刽子手，自己搅得自己不能安宁，他还更甚地搅乱了世界。他不但在情欲上面展施着迷人的幻术，并且，如拜伦所说，他还知道赋予疯狂以美的外形，给错误的行动或思想蒙上一层言辞的绚烂色彩。他曾第一个给我们的语言带来了它前所未有的一种持续的气魄、格调的沉雄、结构的坚劲，这也许就是他的最不可否认的光荣。至于思想性，他的作品里的一切都是可怀疑的，一切都确实好像是模棱两可的、不可听信的；健康的思想时时跟差误的思想结合在一起，并在这种结合中变了质。他把那些半真理裹上一层令人确信为明显真理的假光辉，这就引导着骄傲的和薄弱的人们走上犯错误的道路，在这一点上他超过了任何其他作家。有一天，在忘形的时候，他和休谟谈他的作品，他承认他对于自己的文章风格和雄辩力都很满意，但后来又露出一句："不过我总是怕内容上有毛病，我所有的理论可不都充塞了荒谬之见。"他在他的作品中最重视的是《社约论》，这确实是他的全部作品中最诡辩的一部书，后来把世界闹得天翻地覆的一部书。不管理智是怎样告诉我们，但对于我们来说，对于所有在诗的方面多多少少继承着他的衣钵的人们来说，我们将永远不可能不爱让-雅克，为着他早年所作的那些画图，为着他对大自然的那种热爱，为着他给我们带来风气而又第一个在我们的语言里创造出表达方式的那种梦想，我们都不可能不多多地原谅他。夏多布里昂在给卢梭作最后的定评时特别着重性格上的基本缺陷，他说："一个作家被自负心冲昏头脑，竟变得不通情理；他老是站在自己的面前，心目中永远少不了一个我，他的狂妄终于给他的脑筋构成了一个不治的创伤，在一切疯癫的病因中，这一个病因是我所最不能了解的，也是我所最不能同情的。"夏多布里昂和卢梭以不同的形式所染得的这个病，拜伦也没有能免除，他却肯深入到里面并且加以了解；在《恰尔德·哈罗德》那首长诗中，他为克拉伦斯[10]的描绘者和汝丽的意中人所写的那些绝句将永远是对卢梭既同情而又最忠实的画像。

拉杜尔夫人是那些具有引诱力的天才经过时拖带着的许多拜倒尘而横被牺牲的妇女之一，现在我们关于她还有什么可讲的呢？她的好时光已经一去不返了，来的是衰老的、不幸的日子。她迫不得已跟丈夫仳离了，并且觉得连丈夫的姓都要摆脱掉；她要人们称她佛郎克维尔夫人。她没有儿女；她在悲愁中老去，以1789年9月6日卒于她最后在圣曼德[11]隐居的慈惠会女修院里。在卢梭死后，人家还看到她为卢梭辩护，在当时的各报上替卢梭解围哩。看她对所有攻击卢梭的人都挺身而出的那种劲头，就可见她是立意要彻底证明"爱其人即皈依其教，至死不渝"。但是使她特出并注定她的命运的主要之点，就是她想做一个真正的汝丽，而尽管条件具备，却未能获得对方首肯。她证实拜伦所非常正确观察到的一点：卢梭的爱情不是给予任何一个现实生存的妇女的，也不是给予诗人梦想所唤醒的那些古代美人的。他的爱是对理想美的爱，是对他自己赋予以生命与火焰的那个幻影的爱；他所爱的、所不断拥抱的只是这个幻影，只是这个从他的胸臆中抽出来而由一片炽热的云霞形成的幻影，他每天早晨给予它火一般的热吻，他把他稀少的一些幸福的回忆都搜集起来放到这幻影身上；如果来一个真实的女子竟骄傲到要把他的理想的尘世化身拿给他看看，并对他说"我就是汝丽呀"，他是绝对不屑于承认她的；他几乎要恨她不该妄想拿她自己替代他那美妙之梦的对象。

我们比他公平些罢。她企求着在他心里占个位置、留个痕迹，而没有能达到目的；我们至少让她的名字和那样时常拒绝她而她毫无怨言地效忠着的那个人的大名永远结合在一块罢；让她有机会（她若有知，应选择这个机会作为她的唯一安慰）作为一个追随者而永远生活在他的光荣里面罢。

注释

1 希腊神话：奥尔菲（Orphée），古希腊最大的音乐家；因为失去爱妻，变得忧郁无情；结果被酒神祭中的狂欢女巫撕成细块。

2 法国谚语："告诉我你和谁往来，我就告诉你你是什么人。"

3　这里有专谈法语语法的一段，即勉强译出，读者亦无法了解，故删。

4　卢梭写的一篇独幕牧歌剧。

5　巴黎的王宫区是书店集中地，卢梭把拉杜尔夫人逼信比作书贾向作家逼稿。

6　陶玲（Dorine），莫里哀名剧《伪君子》中的女仆，看穿了矫揉造作的伪君子并无了不起的异人之处。

7　玛丽安（Marianne），马里佛（Marivaux）的名小说《玛丽安传》的主人翁，是老实而又慧黠、又多情、爱虚荣、爱风骚的妇女的典型；不像卢梭小说《新爱洛伊丝》里汝丽那样有高贵品格。

8　加莱（Calais），法国北部海港，赶英孔道。

9　一种束腰的长袍。

10　克拉伦斯（Clarens），瑞士的小村，卢梭晚年居住并描绘的胜地。

11　圣曼德（Saint-Mandé），巴黎近郊。

卢梭的 《忏悔录》[*]

注释

* 1850 年 11 月 4 日发表，载《月曜日丛谈》第三册。

我已经谈过那种纯粹、轻灵、毫不着力而十分流畅、平易的语言了，这种语言一部分是由 17 世纪末遗留给 18 世纪的；今天我想根据一个作家来谈谈这 18 世纪的语言，这个作家曾使 18 世纪的语言获得最大的进步，至少曾使它起过巴斯加尔以来的最大的革命，我们 19 世纪的人就是从这次革命里出来的。在卢梭之前，自费纳龙以来，就很有过一些笔法的尝试，这些笔法都已经不是纯粹 17 世纪的笔法了：冯特奈尔有他的笔法，如果他谈得上笔法的话；孟德斯鸠也有他的笔法，他的笔法比较雄健些，遒劲些，警策些，但还是笔法。只有伏尔泰没有笔法，他说的话，活泼、清晰、迅疾，自然流出，仿佛与泉源近在咫尺。"你觉得，"他曾在某地方写道，"我解说得相当清楚：我就和那些小溪一样，它们是澄澈的，因为它们不很深。"他这句话是笑着说的，很多的半真理都是这样自言自语说出来的。然而，世纪所要求的要多一点：它有些思想和情感，自己还搞不清楚，还在摸索，它要求把这些思想和情感表达出来，以便使自己获得感动，获得温暖，恢复青春。布封的散文，在《自然史》的头几册里，为它所企求的东西提供了一个近似的形象，一种庄严多于活泼的形象，但有点高不可攀，并且太钉牢在科学题材上了。卢梭出来了；他一旦完全发现了自己，也就同时使他的世纪发现了它所盼望的作家，因为他最宜于以新颖、沉雄的语言，以一种杂着火焰的逻辑，来表达那种跃动着要出生的模糊思想。他所努力征服、努力控制的那个语言，他一抓上手就矫揉了一下，因而使它有着一条皱纹，从此一直保留下来；但是他对这个言语的贡献超过了使它蒙受的损失，并且在许多方面，他使它获得了淬砺，恢复了青春。自让-雅克以来，我们最伟大的作家们翻他们的新花样，力求踵事增华，都逃不出他所建立起来、创造出来的这种语言形式。而我们所欢喜提起的那种 17 世纪清醇的语言形式从此只成为一种别饶风韵的古董，徒供精于审美的人们追怀惋惜而已。

虽然《忏悔录》只在卢梭死后、他的影响已经风靡一时的时候才出版，今天我们要研究他，概括他的文才上所有的优点、缺点和魔力，还是根据《忏悔录》较为方便。我们将这样尝试一下，尽可能限于研究他的作家方面，但于其为人的思想和性格，我们有意见也不想故为隐讳。当前的时机不是很有利于卢梭的，我们所吃的这许许多多苦头，人们都怪他是制造者、发动者。"没有一个作家，"曾有人明确地说，"更适宜于使穷人感到自己了不起了。"这一切且都不管，我们在这里研究他，首先要避免这种近似个人的情绪，这种个人情绪使许多很有头脑的人在我们当前穿过的艰难环境里都对卢梭怀着怨恨。具有这样远大影响、这样远大前途的人物是不应该依照一时的气愤和反感去加以评论的。

写《忏悔录》的念头对于卢梭来说，似乎太自然了，太适宜于他的脾气和才调了，用不着人家去暗示给他的。然而，实际上是他的书商雷·但姆斯特丹（Rey d'Amsterdam），还有居克罗[1]，使他想起了这个念头。卢梭写了《新爱洛伊丝》之后，写了《爱弥儿》之后，于 1764 年五十二岁时开始写他的《忏悔录》，那时他已经离开了蒙莫伦西，住在瑞士的毛选。最近，在 1850 年 10 月份的《瑞士杂志》里发表了一个《忏悔录》的开端，这是从纳沙台（Neuchâtel）图书馆庋藏的稿本里抽出来的，是卢梭的初稿，后来经他删去了。这个原始的开端，与现在人们读到的《忏悔录》的开端相较，远没有那样铺张、那样华丽，不使我们听到最后审判的号声，最后也没有以直呼永恒者那著名的一段陈诉作结。卢梭在这原始的开端里说明他自己描写自己和严格坦白自己的计划，说得比较长，但富有哲学意义；他使人很好地感觉到他的计划的独创性和奇特性在哪里：

写一个人的行述，只有自己写，任何别人都不能写。他的内心情况，他的真正生活，只有他自己知道；但是一个人自己写行述，总是加以掩饰，名为自述，实为自赞；他写自己，如他所希望是的那样，不是如他所实在是的那样。最坦白的人至多是在说出的事情里说了真话，但是有些事情不肯说出，这还算是说谎，而讳而不言的部分又把那佯为坦白自承的部分改变得太大了，以至于只说一部分真话的人等于什么东西都没有说。这种以说真话骗人的假坦白者，我首先要指出蒙田。他把自己连缺点都表白出来，但是他给予自己的缺点只都是可爱的：其实没有人没有可憎的缺点。蒙田把自己写得很像，但写的只是侧面。谁知道他藏起的那一面，脸上没有个大疤痕或者瞎了一只眼，竟把整个的面容都改变了呢？……

因此，他要为前人之所未欲为、未敢为。至于文笔，他似乎也觉得需要另创造一种，和他的计划一样新颖，配合着他所打算描写的事物的多样性与杂异性：

如果我要写出一部书，写得和其他的书一样细心，则我将不是描绘我自己，而是粉饰我自己。我在这里是要写我的肖像，而不是要写一部书。我将在，可以这样说，我将在暗室里工作；在这暗室里将不需要任何其他艺术，只要顺着我看到显出的线纹去准确地描画。所以我对于文笔和内容都抱定同样的宗旨。我绝不着意去求一致；我将永远碰到什么文笔就用什么文笔，顺着我的脾气去变换，毫不迟疑；一事一物，我怎样感到、怎样看到，我就怎样说出，不推敲，不拘谨，不怕写得五光十色。我同时顺从着过去接受印象的回忆和现时的感觉，双管齐下地描绘着我的心灵状态。一面写它在事件发生的当时，一面写它在追述事件的现在；我这支参差不齐的、自然流露的文笔，有时迅疾，也有时松散，有时明哲，也有时疏狂，有时庄严，也有时嬉笑，它本身将构成我的历史的一部分。总之，这部作品不论写法如何，就其对象而论，对于哲学家们将永远是一部宝贵的书籍：我不惜重言申明，它对于人心的研究是一个可供比较的资料，并且是唯一的资料。

认为这样高声地对大众忏悔，并且带着一种与基督教的谦德背道而驰的心情，就算是做出了一件独一无二的事，甚至为着研究人心是一件最有意义的事，卢梭的这种想法并不算错，他错是错在认为他是做出了一件有益的事。他没有看到他这种做法就仿佛一个医生要把某一种残疾、某一种特征十分明确的精神病，写得不但易于理解并且引人入胜，专向高级社会和无知之人作宣传：这种书会透过摹仿和传染造成许许多多的偏执狂者和疯狂者，对这些病人来说，医生是部分地负有责任、犯有罪行的。

《忏悔录》的头些页太强调了，并且相当艰涩。我在这里面首先发现到一个"漏洞，由于记忆不足偶然造成的"；卢梭在那里谈到他的生命的授予者；他生下就带来一种体质上的不方便，据他说，这种不方便与年俱增，现在只偶然"放松一下，以便等等，等等……"这一切都读之令人不快，很不像我们上次还体味到、呼吸到的那种称为风雅的辞藻[2]。但是，可要留心啊，在这些音调粗糙和土气生硬的旁边，又是什么呀？多么新颖的、家常的、沁人心脾的醇朴啊！

我感觉先于思想；这本是人类的通则。但我受这通则的限制超过别人。我直到五六岁以前做了些什么，我都茫然无所知。我不晓得我是怎样学认字的；我只记得我最早的阅读及其产生的影响……我的母亲曾丢下许多小说，我的父亲和我就开始在每天晚饭后读起来。先只是要利用有趣味的书来训练我阅读；但是不久兴趣就太浓厚了，我们轮流读着，毫不间歇，整夜地读下去。我们不读完一本就从来放不下手。有时，我的父亲听到早晨的燕子叫，就十分羞惭地说："我们去睡罢，我比你更孩子气了。"

注意这只燕子啊；这是第一只，预报着语言的新春；只有在卢梭的作品里才开始看到它出现。在我国 18 世纪，对大自然的感觉是由他开始的。在我们的文学里，对家庭生活的感觉也是由他开始的，这种生活是布尔乔亚的、贫穷的、宁静的、亲切的，里面蕴积着那么多美德和温情的宝藏。我们又读到几个细节，谈儿时偷窃和贪吃的琐事，带有下流腔调，但是接着他又谈到一首儿歌，我们为这首儿歌又多么原谅他啊！这首古老的儿歌，他只记得调子和勉强几句零零落落的歌词了，但他老是还想回忆起来，他尽管年纪老了，每想起这首儿歌，总还是悠然神往，心头发软。

"这是个怪心情，我也说不出道理来，"他说，"但是我绝对不可能把这首儿歌唱到底而不被我的眼泪哽咽住。我有一百次想写信到巴黎叫人把我记不起的歌词找出来，如果还有人知道的话：但是我差不多可以保证，如果我确知这个歌调除了我那可怜的淑贞（Suzon）姑姑而外还有别人也唱过，我回想这个歌调的乐趣就会局部地化为乌有了。"

这便是《忏悔录》作者的新鲜东西，这正是引人入胜之点，给我们打开了家庭亲切感受的一种出乎意外的泉源。我们上次在一起读过开吕夫人（Mme de Caylus）和她的《回忆录》：但是她给我们谈了些什么童年回忆呢？她曾喜爱了什么呢？她离开着生于斯、长于斯的家庭又哭了些什么呢？她可稍微想到要把这些事情告诉我们呢？那些神思精妙的贵族人物，生而具有那么高雅的情趣和那么灵敏的谐谑感，他们不是不爱，就是不敢让人家看到这些简单事物。他们的智慧，我们是知道的，并且我们也欣赏；但是他们的心灵在哪里呢？必须是布尔乔亚，是外省人，是新人，像卢梭，才能显出这样富有内心的感受和对大自然的感觉。

此所以，我们一面微带惋惜地指出，卢梭曾矫揉语言、挖掘语言，仿佛犁田一般，另一面我们又立刻补充着说，他同时也就在语言里播下了种子，使之肥沃。

有一个人出身于目空一切的贵族血统，但同时又是卢梭的学生，他也和卢梭差不多，不感觉到什么可笑不可笑，也不怕人家笑话，这人就是夏多布里昂先生，他在《雷内》和《墓前日记》里又采用了这种或多或少是直接的自供与告解方式，并从这种方式里得出一些富有魔力、令人拍案惊奇的效果。但是我们要注意两人的差别。卢梭没有高贵的出身；他不完全是一个所谓出身好的儿童，并且差得太远！他有邪恶的倾向，并且倾向于卑鄙的邪恶；他有许多可耻的、隐藏着的贪欲，这些贪欲都没有一点绅士气；他有那种长期的羞涩，忽然一变而为——如他所自称的——"浪子"和"顽童"的那种无赖相；总之一句话，他没有夏多布里昂先生从童年起就有着的那种光荣感作为保障，和一个警觉的哨兵一样，守在他的缺点旁边。但是尽管卢梭有我们不怕按照他的话——指名提出的那许多不利之点，他还是要比夏多布里昂较胜一筹，其理由是他更富于人性，更是人，更有人心。他没有夏多布里昂那种令人难以置信的严酷（真正是彻骨封建的严酷），那种全无心肝的态度，比方罢，像说到他的父母时那样。卢梭的父亲是个正派人，但是只顾享乐，浮而不实，并且再结婚了，就把儿子丢掉不管，听其自生自灭，当卢梭写到父亲的短处时，是带着如何的委婉蕴藉指出这痛心的一点啊！这一切是如何从心坎里轻描淡写出来的啊！我说的不是那种骑士式的委婉蕴藉，而是真正的、出自内心的委婉蕴藉，是富于伦理感、富于人情味的委婉蕴藉。

　　真是难以置信，他本来具有着的这种深挚的伦理情感，平时与人相处能使他那么念念不忘，竟不能警告卢梭，使他感觉到他在生活的许多场合下，在他所喜用的许多辞语中，又是多么与这种情感背道而驰啊！他的文笔，和他的生活一样，染上了他的初期教育和早年接触到的那些下流伙伴的许多恶习了。他在家庭圈子里老老实实地度过童年之后，就被送去做学徒，在学徒生活中受到了许多折磨，这些折磨就败坏了他的腔调，变掉了他那种委婉蕴藉的风度。什么"浪子"呀，"顽童"呀，"贱货"呀，"坏蛋"呀，这些字都没有叫他丝毫感到难以为情，甚至于还仿佛是投其所好，不断地出现在他的笔底。他的语言始终保留着一点早年的下流腔调。在他的作品里，我可以把语言败坏的地方分为两类：一类只是由于他是外乡人，由于他说着一种出生在国外的法语。卢梭满不在乎地写道："像我随便哪样做""像随便哪样"等等，却不说"无论我怎样做""无论怎样"等等；他发音太强，并且艰涩：嗓子有时带点甲状腺肿大的那样。但是这种缺点人们都能原谅过去，因为他太善于克服这种缺点写出许多绝妙好辞了，因为他能下功夫矫正，并且利用情感冲动，柔化了他的器官，知道把他那种高深的、艰涩的文笔揉得软绵绵的，由锤炼入于自然，太像是信手拈来了！我们在他的作品里可以拈出的另一种败坏和腐化要比较严重些，因为是属于道德范围：卢梭似乎丝毫没有疑心到有某些东西是不容许说出来的，有某些卑劣的、可憎的、无耻的词语是正派人所不肯用的，乃至根本不知道的。卢梭有一时期曾充走卒；在他的风格中有不止一个地方叫人觉察到这一点。他不恨走卒之名，也不恨走卒之事。"如果费纳龙还在世的话，你会成为天主教徒的。"贝尔纳·德·圣皮埃尔有一天看他被某种宗教仪式感动时，这样对他说。"呵！如果费纳龙还在世，"卢梭流着眼泪叫起来，"我先设法充当他的走卒，然后努力表现以便做他的随身侍从。"直到情感冲动中人们都还抓到他措辞欠雅的地方。卢梭不但是一个语言工人，在做师傅之前先做过学徒，有些地方还让人看出焊接的痕迹。并且在精神方面，他少年时代也经过了最杂乱的各种行业，以致某些丑陋卑鄙的事物他说来心里毫不难过。这种基本的毛病，这种污点，在这样一个伟大的作家身上，在这样一个伟大的画家身上，在这样一个人身上，居然能遇得到，并且需要检举出来，真是令人痛心，我不想再多说下去了。

卢梭到达十六岁时的精神状态是：想得慢，感觉得快，有许多热烈而被抑制住的贪欲，天天是痛苦和束缚，他把自己是这样描绘给我们看的：

我就是这样达到了十六岁，心灵不安，不满意一切，也不满意自己，对自己的境况没有兴味，也没有我的年龄应有的乐趣，欲望吞噬着我，却又不知道欲望的对象，痛哭着，却又无流泪的理由；叹息着，却又不知道叹息什么；总之，我亲切地抚摸着我的幻想，却在我的周围看不

166

到一点值得幻想的东西。每星期天，伙伴们在听过宣教之后来找我，要我去和他们一起玩乐。我真想逃开他们，如果是可能的话。但是，一玩起劲来，我比谁都玩得热烈些，比谁都玩得厉害些；发动也难，收拾也难。

永远是在一个极端里！我们在上引的这一段里已经认出雷内的思想乃至语句的最初形式了，雷内的那种语句已经变成了音乐，现在还在我们的耳中歌唱着：

> 我的脾气是急躁的，我的性情不恒常。时则喧嚣而欢娱，时则沉默而愁苦，我把我的青年伙伴邀集到我的周围；然后呢，突然又抛弃他们，跑去独坐在一旁，静观着飞逝的浮云，谛听着雨点在叶丛中滴落……

还有：

> 年少时我就崇奉着司诗女神；一颗十六岁的心灵，在它的热情鲜艳中没有比它更富于诗意的了。生命之晨正和一日之晨一样，充满着纯洁，充满着形象，充满着和谐。

可不是嘛，雷内并非别人，正是那个十六岁的青年，移植过来，流寓在另一种自然境界里，在另一个社会条件的怀抱中了；他已经不是雕刻店里的学徒，不是日内瓦的一个布尔乔亚之子，一个下级的布尔乔亚之子，而是一个骑士，一个贵族，一个远程的旅行者，热恋着司诗女神：乍一看，一切都蒙上了一层更有诱惑力、更有诗意的色彩；风景和框栏之出人意表，又使人物收相得益彰之效，标识着一个崭新的作风；但是显而易见的初型是在我们指出的那个地方，是卢梭反躬自视时发现到的。

雷内之所以是使我们看得更顺眼的模特儿，就因为在他身上所有人类的丑恶方面都被遮盖掉了；他同时具有希腊的、骑士界的和基督教的一些色彩，把各样不同的回光在表面上交错起来。在这个艺术的杰作中，字字都获得了一种新的魔力，都是些充满光明与和谐的字眼。境界向各方面扩大了，奥林匹亚之光在里面晃荡着。乍一看，卢梭是没有什么可以比得上这些的，但是，究其底蕴，他却较真、较实、较活泼。这个手艺界的孩子，在听过宣教之后跑去跟伙伴们玩耍，或者，可能的时候跑去独自梦想，这个小少年，身段苗苗条条的，眼睛伶伶俐俐的，面孔清清秀秀的，对一切事物不想怨恨却偏怨恨起来，这个少年却比那一个少年更具有真实性，更富有生命力；他有天良，有情感，有心肠。两人的天性，雷内的和卢梭的，都有病态的一角，都有优越的想象力和感受力，收敛在内心里，以自己为对象，如膏火自相煎熬；但是在两人之中，卢梭更是真正多情的，他在幻想的冲劲中，在往事的追悔中，在写一种可得而未得的幸福理想的那些绘画中，他是最独创的，最真诚的。当他在《忏悔录》第一卷末尾，写他离开祖国时对他可能在祖国享到的那种庸福，想象出那一幅简朴而动人的画图；当他对我们说："我会在我的宗教、我的祖国、我的家庭和我的亲友的怀抱中过着一个安宁而温柔的生活，如我的性情所需要的那样，做着适合我的口味的一个工作，和一些称心的人们相往还，朝如斯夕如斯的；我会是一个好基督徒，好公民，好家长，好朋友，好工人，在任何方面都是好人；我会满意于我的职业，或许还会替这个职业挣得一点光荣，并且，在过了庸碌而简单的，但是平顺而和美的一生之后，我会安宁地死在家人骨肉的怀抱中；当然不久就被遗忘的，但至少在人们还想起我的时候我会被人悼惜着。"当他跟我们这样说的时候，他确实使我们深信他的愿望和追悔都是出于至诚：因为在所有这些话里太洋溢着他对私生活的温柔、平静、淳朴的乐趣所具有的那种深刻而强烈的感觉了！

此所以，在本世纪，我们大家，或多或少都患过梦想病的我们大家，我们不能像那班新贵人否认他们的祖父，我们应该知道，我们在做那高贵的雷内的不肖子之前，我们倒千真万确地是那布尔乔亚卢梭的孙子。

《忏悔录》的第一卷还不算是最重要的，但是整个的卢梭已经包含在里面了，其中有他的骄傲，他的在萌芽状态中的恶习，他的离奇可笑的脾气，他的卑鄙和他的肮脏（大家看，我什么都指出了）；其中也有他的自负心和使他振作的那种不肯依傍、沉毅自持的动力；其中又有他的幸福而健康的儿童时代，受苦受难的少年时代，以及这种少年生活后来（我们预先感觉到）驱使他对人类社会呼名直斥和寻仇报复的那些潜在的因素；其中还有他对尝得太少的那种家庭幸福的缠绵思恋，又还有早春的气息和那第一番风信，作为爆发在 19 世纪文学中的那种自然醒觉的信号。我们今天对卢梭早期的这些绘声绘色的文章很可能不太感觉到美处；我们的眼睛已经被浓腻的颜色惯坏了，以致我们忘记了这些早期写景的文章在当时是多么鲜妍、多么新颖，忘记了在那种才华风发、精思入微，但是心肠枯槁、无想象力又无真情感的社会里，在那种缺乏循环的精液、不能逐季开花的社会里，卢梭写出这些文章是多么重要的一件大事啊！卢梭是第一人，把强烈的植物精液注射到那棵日就衰竭的纤弱的树身里面了。那些惯于呼吸沙龙里人工气氛的法国读者们，那些他所称为"文雅"的读者们，没一个不惊讶，没一个不喜不自胜，因为他们突然感觉到从阿尔卑斯山那边吹到了这一阵阵清爽的好山风，来把那种极高雅而又极枯槁的文学吹得苏醒过来。

正是适当的时候，不能再迟了，也唯其如此，所以卢梭不是一个语言的败坏者，总结起来却还是一个语言的革新者。

在他以前，在我国只有拉封丹曾在这样程度上认识到、感觉到自然，感觉到在田野中梦想的那种美妙的滋味；但是他这个先例没有发生多大影响；大家让那个老头子去带着他的寓言在田野里蹀来蹀去，自己却都还缩在沙龙里。卢梭是第一人，迫使着所有这些上流人物从沙龙里走出来，离开公园里那种平坦大路去到田野里作真正的散步。

《忏悔录》的第二卷的开端妙极了，充满着鲜妍：瓦伦夫人（Mme de Warens）第一次在我们面前出现。卢梭的文笔描绘着她也就跟着温和了，摇曳生姿地柔化了，同时我们立刻发现到一个特点，一个内在于他的身心和他的整个风度中的基本脉管，我是指肉感性。"卢梭是爱感性愉快的。"一个良好的批评家曾这样说。女人在他心里居很重要的地位；不论在不在当面，女人和女人的风韵都占据他的心房，引起他的灵感，使他的心肠发软，而在他所写出的一切里都掺进一点女人的因素。"我怎么能够，"他叙到瓦伦夫人时说，"在第一次接近一个可爱的、文雅的、煊赫的妇女，一个地位比我高、我又从来没有碰到和她相同的贵妇……我怎么能够登时就十分自信能取悦于她而表现得那么自然、那么自由自在呢？"当他真个亲身处在女人面前的时候，他那种自然、那种自由自在，通常都不太真实，但他描写女人的时候，他的文笔却永远是真正自然、真正自由自在的。《忏悔录》里最美妙可喜的文章就是写初见瓦伦夫人的那些片段，还有给我们描写巴惜尔（Basile）夫人接待他的那些片段，这位巴惜尔夫人是都灵（Turin）城的一位美丽的商女："她是容光焕发的，盛装着的，虽然态度极温柔，她那种光辉却使我愣住了。但是她那种充满慈祥的接待，她那种同情的声调，她那些和婉慰藉的姿态很快地就使我自在起来；我觉得我成，并且一觉得我成我就更成。"你没有在这种容光焕发中、在这种面色的光辉中感觉到意大利的一缕阳光吗？接下去他就叙述谁也忘记不了的那活泼而无言的一幕，那眉目传情、适时中止、充满着春心初动、羞人答答的一幕。再加上描写和迦莱（Galley）小姐、格拉芬丽（Graffenried）小姐在安纳西（Annecy）附近散步的那些文章，每一细节都能引人入胜。像这样的文章，在法国文学里不啻发现了一个新大陆，一个近在眼前却还没有瞥见的充满丽日清风的世界；这些文章冶感觉与自然于一炉，其中肉感的锋芒只露出到适可的、必要的程度，正好把我们从那种侈论心灵的假玄学和陈陈相因的精神主义里终于解放出来。画笔的肉感性在这种程度上是不会令人不快的；它还是朴质的，并且没有戴上面具，这就使它比后来许多画家运用的那种肉感要天真些。

作为画家来说，卢梭对一切都是有现实感觉的。每逢他跟我们谈美，他都有现实感觉，这种美，就是想象出来的，像他的汝丽那样，也在他的笔下获得了一个实体和一些形式，使人看得很分明，绝不是空中彩虹，令人不可摸捉。他有这种现实感觉，由于他要把他所回忆的或创造的每一场面，他所介绍的每一人物都纳到一个框栏里，使他在一个十分确定的地点里活动。他指责大小说家李迦逊（Richardson）的缺点之一就是没有把他的人物的回忆附着在一个风景令人留恋的区域。此所以，你看，为着他的汝丽和他的圣卜劳，他是多么善于把他们安置在弗得地方[3]，安置在他的心灵无一刻不萦绕着的那个湖岸。他那种正确而坚劲的智慧到处给想象力提供一把镂刀，使图样中紧要之点没有丝毫遗漏。最后，这个现实感觉还一直表现到下列的一点，就是在他的一切幸或不幸的环境与遭遇之中，就是在最浪漫的遭遇之中，他都时刻留心，从来不忘记提到吃饭，把一顿合乎卫生的、清淡的、能使心神俱快的饮食详详细细地写出来。

这一点还是基本的；它与我在卢梭身上指出的那种布尔乔亚性、人民性有密切关系。他曾在生活中挨过饿；他在他的《忏悔录》里以感谢老天保佑的心情写出了他最后一次碰到真正受苦挨饿的时候。所以，就是在后来描绘他的幸福的理想画图中，他也总不会忘记放进这些现实生活的、属于人类通性的事物，这些属于肠肚范围的事物。他之所以能引起我们的兴味，抓住我们的心灵，就在于融合在他的雄辩中的所有这些真实面。

真诚感到的并且无条件喜爱着的大自然构成了卢梭的灵感的根基，每逢那种灵感是健康的而不是病态的时候。当他从都灵回来再见到瓦伦夫人以后，他在她家里住了若干时日，从人家给他住的那个房间里他看到一些园圃，发现了乡野："那是从包赛（Bossey）以来（包赛是他儿时寄宿的地方），那是第一次，"他说，"我窗前有了青色。"直到那时为止，法国文学对于眼底有无青色是无所谓的；而使它感觉到这一点的是卢梭。从这个角度看，我们可以用一句话给他下个定义：他是在我们文学中放进青色的第一人。卢梭就是这样在十九岁时住在一个心爱的而又不敢道出热情的妇女身边，他沉入到愁思里面了，"不过这种愁思没有一点黯淡色彩，同时还有一种中心痒痒的希望调剂着"。有一天，是个大节日，他独自一人跑到城外去散步，在人们做下午祷告的时候："那种经常使我感动得出奇的钟声，"他说，"那些鸟儿的歌唱，那种天气的晴明，那种野景的柔和，那些疏疏落落散在田园中的庐舍，在那些庐舍里我想象着我们共同的住处，这一切都给予我一个活泼、温柔、凄惋而动人的印象，它是这样激动了我，以至于我仿佛出了神，觉得置身在那么一种好时光、那么一种安乐窝里，我的心拥有着一切能使它怡悦的幸福，在说不出的迷惘状态中体味着它，而感官的愉快却连想也没有想到。"

这就是1731年那个日内瓦的孩子在安纳西所感受到的东西，这时候人们在巴黎还正读着《克尼德[4]神庙》哩。从这天起，他就发现了梦想，发现了这种新的妙趣，人们曾把这妙趣当作拉封丹的个人癖好，丢到一边，而他呢，却毅然决然地要把这种妙趣介绍到那一直是风流的或实证的文学里来。梦想，这就是他的新奇，他的发现，他的美洲大陆。那一天所做的梦，他几年之后住在杉美台（Charmettes）的时候，在圣路易节那天散步之中居然实现了，这次散步的描写之妙真乃是得未曾有：

"一切都仿佛有意凑成这一天的幸福，"他说，"不久以前下了雨；没有一点灰尘，许多小溪潺潺地流着；清风徐来，摇动着树叶，空气是纯洁的，天边没有半点云彩，宁静笼罩在天空；正如它笼罩在我们的心头。我们的晚餐是在农民家吃的，和他的全家在一起，他们都全心全意为我们祝福。那些贫穷的萨伏佬[5]真是好人啊！"

接着，他还以这种朴质的、体察的、率真的心情，继续发挥着那一幅画图，画图里一切都完美，一切都令人入迷，只有放在瓦伦夫人头上的那个"妈妈"的称呼叫人在伦理上感到有点不自在，有点难受。

在杉美台的这个时刻，那颗还在含苞未放的心灵第一次获得开花的机会，这是《忏悔录》的最美妙部分，后来就不再出现了，纵然是卢梭退隐在居士山（Ermitage）的时候。在居士山的这几年生活，以及跑来找到他的那场热爱的描写，也还有许多引人入胜之处，也许比前面写的还要锋棱突出些；然而，他惊叹得很对："那已经不是杉美台了！"愤世和多疑的心理，他这时已经染上的，将一直追迫着他，在他那幽居的年代里。他在幽居中将不断地想到巴黎思想界，想到霍尔巴赫那一个小集团；他尽管还能不睬他们，享受着他的恬退生活，但是这愤世、多疑的思想把他最纯洁的享受都毒害了。他的性情变得易于恼怒，并且就在这些年月里得了一个从此不治之症。诚然，就是在这个时期，以及以后一直到终了，他都还有过一些愉快的时刻；他在圣彼埃尔（Saint-Pierre）岛上，在碧胭（Bienne）湖心，还有了一个短期的宁静与忘怀，使他写出了一些最美的文章，如《梦想集》的第五次散步，这篇散步和写给马才伯（Malesherbes）的第三封信，都是与《忏悔录》里最美妙的篇章不可分离的。然而，论轻松愉快，论鲜妍，都抵不上杉美台生活的描写。卢梭的真正幸福，任何人都不能夺去的，就连他自己也不能割弃的，就是一直到他最受骚扰、最受侵袭的年月，当中他还能这样回想起往昔，还能以记忆中保有的那种详确与明丽追写出青年时代的这样美好的图画。

徒步旅行以及这种旅行时时刻刻所产生的印象，又是卢梭的发明之一，是他输入文学中的新事物之一：自此以后，人们写得就太滥了。他是第一个人，在享受着徒步旅行之后，良久才想到把他所感受的抒写出来。只是在那时候，他向我们保证着说，当他"徒步走着路，在一个晴朗的天气里，在一个风景妍美的地区，不慌不忙"，终点有一个惬意的目标而又不太急于到达，只是在那时候他才完全是他自己，他的思想在书房里便是冷冰冰、死沉沉的，只是在那时候才在他的心里活跃起来，飞腾起来：

步行有使我的思想活跃而焕发的效力；我待在那儿不动就几乎不能运思；一定要我的身体动起来，我的脑筋才动得起来。乡野的旷望，一幕接一幕的宜人的景色，空阔的大气，由我步行获得的好胃口、好身体，小酒店的自由自在，一切使我感觉到我的隶属，一切使我回想到我的处境的东西都离得远远的，这一切就把我的灵魂解放出来了，使我有更大的胆量去想，就仿佛把我放到万有之海里，任我去拼凑，去选择，去占有，既无拘束，又无顾虑。我自由自主地支配着整个的大自然……

在这些时候你不要要求他把穿过他的头脑的那些雄奇的、

狂放的、可爱的思想写出来；他只爱玩味它们，咀嚼它们，不愿意说出它们："而且，我可是随身带着纸笔呢？如果我想到带纸笔，我就什么意思也想不起来了。我料不到我会想起许多意思；我的意思来不来，是凭它们高兴，不是凭我高兴。"此所以，据他说，他事后追记的一切只是他当时情况的一点辽远的回忆，只是当时那样的他，遗留下来的一点微弱的残余。然而就是这点残余，还是多么真切、多么翔实，同时又多么美妙啊！我们试回想一下他在罗恩（Rhône）或梭恩（Saône）河岸，在里昂附近一条凹路里过的那露天的一夜：

> 我舒舒适适地躺在一种类似神龛的石板上，或者说，在平台墙壁中一道假门的石板上；我的床以树梢为帐幕；一个夜莺正好在我的头上，我就在它的歌唱声中睡着了；我的睡眠很甜美，我的醒觉更甜美。天大亮了，我的眼睛一睁就看到流水，看到青枝绿叶，看到一幅绝妙的画图。我爬起来，抖了一抖：我感到饿了；我快活地向城里走去，决计把还剩下的两块小硬币花去吃一顿好早餐。

自然的卢梭全部都在这里了，这里有他的梦想，有他的臆境，有他的现实；就是这块小硬币，出现在夜莺之后，也绝不嫌多，它正好把我们带回到地面上，使我们完全感觉到贫穷本身也就蕴藏着有一种平凡的享受，当它与诗情画意、年少青春结合在一起的时候。我把上面那段文章一直引到这块硬币，就是要大家感觉到我们读卢梭就不会完全局限在《雷内》和《饶思兰》[6]的堂庑里面。

卢梭的描绘是简洁的、遒劲的、明晰的，就是在最甜美的时刻也是如此；颜色永远是涂在廉悍的轮廓上面的：在这一点上，这个日内瓦人确乎是纯粹的法国种。如果他有时缺乏一种较热的光明，缺乏意大利或希腊的那种晴朗；如果像在那美丽的日内瓦湖的周围一样，北风不时地来降低气温；云片忽然来给山腰染上一层灰暗，但毕竟还是有些时日显出一种澄澈而完美的晴明。自此以后，人家就学着这种文笔而变本加厉，以为可以使他的文笔逊色，以为可以青胜于蓝。诚然，论色彩与声韵方面的某些效果，人家是比卢梭更进了一步。不过，在现代革新的范畴里，我们能举出来作为范例的，依然要以卢梭的文笔为最稳妥、最坚定。在卢梭的文章里，语言的中心还移动得不太大。他的继承者就跑得太远了；他们不但把帝国的首都移到拜占庭，并且还常常移到了安佻什（Antioche），移到了亚洲中心。在他们的文章里，想象力极铺张扬厉之致，把一切都吸收去了，控制住了。

《忏悔录》里的肖像是活泼的，有生气的，能传神的。友人巴克尔（Bâcle）、乐师文居尔（Venture）、法官西蒙（Simon）都被精细入微地掌握住了、观察透了；这都不是像在《吉尔·布拉斯》里那样轻描淡写过去的，而宁可说是雕刻出来的：在这里，卢梭又想起了他初年的那行手艺。

我这次只能走马看花地指出《忏悔录》的作者之所以始

终是一个大师的主要方面，只能参拜一下这位梦想的创造者，这位给我们输灌自然情感与现实感觉的注射人，参拜一下这位内心文学之父、家庭生活画之父。多么可惜啊！在这一切里面竟有愤世的骄傲掺杂进来！在这样多的妍媚而又扎实的美文之中竟有些无耻的腔调构成污点！然而，这些在为人方面的疯狂和恶习究竟不能淹没那许多创辟的成就，究竟不能使我们抹煞掉大部分使他犹胜于徒子徒孙的地方。

注释

1　居克罗（Duclos，1704—1772），法国道德学者。

2　指上星期一发表的《开吕夫人传》。开吕夫人（1673—1729）是路易十四世次妻曼特侬夫人（Mme de Maintenon）的亲戚，关于宫廷和曼特侬夫人办的圣西（Saint-Cyr）少校写了一部有趣的《回忆录》。

3　弗得地方（Pays-de-Vaud），瑞士的一个风景区。

4　克尼德（Cnide 或 Gnide），古希腊神山，有著名的维纳斯庙，祀美神和她的儿子爱神。这里是指孟德斯鸠写的一个小册子，内容充满了肉感及风流旖旎之致。

5　萨伏佬（Savoyard），法国萨伏省人，多在巴黎替人当仆役。

6　《饶思兰》（Jocelyn），拉马丁（Lamartine）的一首长诗，写一个乡村牧师饶思兰的情感和生活。

一

狄德罗 *

——评白尔索 （Bersot） 的 《狄德罗之研究》，1851

——热南 （Génin） 的 《狄德罗选集》，并序，1847

注释

* 《狄德罗》(*Diderot*), 1851 年 1 月 20 日发表, 载《月曜日丛谈》第三册。

最近人们关于狄德罗所做的一些研究都有这样一个共同点：它们都趋向于把狄德罗公平地放到他应有的位置上，既无忿怒，也无过度的热忱。他的才器上、心灵上，以及他那天生的丰富智力上的许多优点都在这些研究中获得了评价；他的偏差也受到了批评，获得了解释，而解释也就在某些方面减轻了偏差的严重性。热南先生曾指明：在某些表现一种实证无神论的片段里，是狄德罗的那位狂热的编辑人奈容（Naigeon）认为应该假定他的大师有那些思想，因而毫不客气地就把自己的疏证插进了本文。白尔索先生从哲学方面讨论狄德罗的反宗教的学说，作意证明这位哲学家离对上帝的一种崇高认识并不如他自己所相信的那么远。诚然，人们仿佛常常感觉到，在狄德罗的作品里只缺少一线光明，否则就可以照亮一切，因而我们评狄德罗的无神论很可以和他评凡尔内（Vernert）的两幅风景画一样：画家选择的日落时刻把一切事物都染得昏黄了，模糊了——"候明天罢，当太阳起了山的时候。"然而，尽管如此，我们永远不能把狄德罗说成一个不自觉的信徒，也不能把他说成是一个有神论者，符合这个名词的精神实质；不过这样一个讨论拿到这里来做就嫌太微妙、太棘手了，不论详略我都不能谈这问题。但是我乐意利用这个机会就我们所喜爱的文学和道德观点再说一说我对于狄德罗的意见。

　　狄德罗以 1713 年生于朗格尔（Langres），父亲是个刀匠[和罗朗（Rollin）的父亲一样]，从儿童时代起他就有高度的家庭情感，出自家传：狄德罗氏是以忠厚传家的。他是长子；他还有个妹妹具有一种非凡的性格和一颗卓越的心灵，是一个为侍奉老父而终身不嫁的好女儿，她"活泼，好动，愉快，有决心，易于生气而难于谅解，不论为现在或为将来都不焦不虑，任何事或任何人都骗不了她，行动很随便，说话更随便：是一个母狄奥仁[1]"。我们可以隐约看见狄德罗与她相同的在哪里，与她不同的又在哪里了：她是一个依然生硬的野生树枝，而他呢，是一个嫁接来的树枝，受过培养，变得柔和，开了花了。他另外还有个弟弟，像他的地方比较少，脾气特别，情感是收敛的、约制住的，头脑和性情一样，都有些乖僻，终身做朗格尔总教堂的沙努安，十分虔诚，是本教区的大圣人之一。狄德罗从这样强劲的一个布尔乔亚根干上生长出来，本身却禀赋到一种最好发扬的趋向，初为家庭的不肖子弟，后乃为家庭的光荣。他先在本城的耶稣会读书，耶稣会教士倒很愿意把他留下来；后来他的父亲把他送到巴黎哈尔固（Harcourt）中学了。出了中学门，他就在当时（1733—1743）的巴黎度着青年人的生活，对付着过下去，试试这一行，尝尝那一道，都不肯下决心去干，到处打杂，看看书，做做研究，贪婪地吞噬着一切知识，顺便学点数学就教人家数学；夏天在卢森堡公园里散步，"穿着一件灰绒短大衣，戴着破套袖，黑毛袜后跟缝着白线"；走进奥古斯丹码头上那漂亮的巴碧蒂（Babuti）小姐[后为格勒兹（Greuze）夫人]的书店里，带着他当年那副活泼、热烈、癫狂的神气，叫道："小姐，拿本拉封丹的《小故事》，我请你，再拿一本白特药²……"如此种种。以上是丑陋的一面，我们将来还有太多的机会需要再谈。总之，在他结婚（一个爱情婚姻，三十岁结的）以前，并且在以后，狄德罗太长久地继续过着这种瞎碰的、靠机会的、穷凑合的、吃苦打杂、经常临机应变的生活。他的天才——因为他是有天才的，像他那样多才多艺、范围那么广、气魄那么大，除天才外没有别的名称——他的天才太善于适应这种生活了，我们今天简直不敢说他是不是适宜于另一种生活制度，我们几乎要相信他就是亏了这样散漫，这样无所不学、无所不沾，才最好地完成了他的使命。

他的巨著，可以说他个人的著作，就是《百科全书》。最初起意编《百科全书》的书商们一找上了他，就觉得找到了最理想的人；这个意思立刻扩大了，具体化了，活跃起来了。狄德罗一抓住这个意思就那么热烈，把这件事说得又那么辉煌，竟能把那位虔诚信教的司法大臣达盖索都说动了，使他决定对这个事业予以赞同与保护：达盖索是《百科全书》的第一个名誉领导人。差不多二十五年（1748—1772）之中，狄德罗先和达朗拜尔在一起，后来就独自一人，撑持着这一个庞大的事业，和独柱擎天一样，和阿特拉斯负着地球一样，人们看到他腰有点弯，背有点驼，但始终是宁静的、微笑着的。整个哲学史部分——固然是述而不作的；整个机械艺术描写部分——或者是他显得最当行的；三四千插图——他要亲眼看着人家画的，还有全部工作的责任与指挥，所有这一切都始终不能吸收他的全部精力、消磨他的全部锐气。到了暮年，他回顾着过去，惋惜地长叹了一声，他说："我知道相当多的东西，这是事实，但是几乎没有一个人对他的本行不比我更精。这种各行各道都博而不精，是无限好奇与贫寒家境的结果，我的家境太贫寒了，从来不允许我专心搞人类知识的某一部门。我一生都被迫着做些我不适宜于做的事而把我兴趣所在的事丢到一边……"我不知道他这样说是不是自己错认了自己，是不是这些层出不穷、包罗万象的对象正是他的兴趣所在。他曾注意到：在他的故乡朗格尔，气象的变幻是这样的神出鬼没，二十四小时内就由寒到暑，由宁静到风暴，由晴明到阴雨，这种气候的流动性很难不一直影响到人的灵魂："人的灵魂从最早的童年起就习惯于，"他说，"随风转。朗格尔人的头在脖子上就像钟楼顶上的教堂公鸡；它永远不是固定在一点上的；如果转过去又转回来，也不是为着在原来这一点上停止住。他们的动作，他们的欲望，他们的计划，他们的幻想，他们的思想，都快得惊人，而他们说话，却慢吞吞地。我呢，就是我的故乡人那样；不过久住京城，又做着埋头的工作，已经把我纠正了一些了。我在嗜好上是有恒性的……"在嗜好上有恒性，我倒可以同意；但是，毫无疑义，在印象上却非常流动，这也是他自己说的，面对着王罗（Van Loo）给他画的那张肖像说的，他看着这张肖像几乎不认识自己了："孩子们，我预先警告你们，这不是我——我以前一天有一百个不同的面孔，随我所感受的事物而变更：我又宁静，又忧愁，又梦想，又温柔，又暴躁，又热烈，又激昂；但是我从来不像你们在像里看到的那样……"并且，他又补充着说（因为，一开始我们就要把他看清楚）："我有一个大额头，很活泼的眼睛，相当深的皱纹，头活像一个古代的演说家，浑厚得近乎愚蠢，近乎古时候的那种村气。"

因此，我们想象狄德罗，应该依照他的同时人所一致记述的那种真面目，不能依照他的艺术家朋友王罗和格勒兹所把他画成的那样，他们都或多或少走了样，以至于格勒兹给他雕刻的那副面孔竟使他像马孟台了。梅斯特（Meister）告诉我们说："他那个宽额头，光秃秃的，软绵绵地向中间圆着，显得有一个广泛的、光明的、丰产的智慧，令人望之肃然起敬。"人家还说，拉瓦台[3]相这个额头，认为反映着一个羞怯而不够活跃的性格；事实上也是该注意到：狄德罗在思想上尽可以是大胆的，行为与行动的推进力却有些薄弱。你只要稍微有点技巧就能叫他做你所要他做的事；而且尽管他有突然的、迅疾的热情冲动，他却没有信心。"整个的侧面像"，还是那位梅斯特说，"具有一种男性美、壮美的风格，显得与众不同；上眼皮的轮廓十分细致；他的眼睛平时的表现是多情的、温柔的，但是头脑一热起来的时候，人们就看到它们闪闪发火。他的嘴显得又精明，又浑厚，又有风韵，是一种有趣的混合。"他这个人就是这样，只是在兴奋时、激发时才完全显出他自己，而他的兴奋和激发又再容易不过了。在这种时候，他的头昂起的样儿就有着"很多的高贵、强毅与尊严"。据所有他的同时代人肯定：谁只从作品里去认识狄德罗就一点也不认识狄德罗[4]。他既这样和蔼可亲，对任何人都开诚相见，却偏又怕见人，怕和上流社会接触；他永远不服沙龙的水土，不论是饶弗兰夫人、居德芳夫人、奈克夫人或其他美妇人所主持的沙龙。他有时也在沙龙里出现一下，但是一有机会就溜出去。厄彼内夫人（Mme d'Épinay）有格林（Grimm）帮忙，好容易才把他驯服在她家里；她是不愧获得这样的成功的，因为她太能深切地欣赏他了："这个人的几行文字，"她说，"就够使我梦想、使我沉思了，我们那些所谓才子们的一部全集也没有这几行文字的效力那么大。"俄罗斯女皇，那伟大的卡特琳，也曾以其崇高与优礼，同样地驯服了狄德罗；我们知道，他是到圣彼德堡去见她的，保不定谈话当中他没有把她当作伙伴看待。"照旧说下去呀，"她对他说，当她看到他因为出言失检偶然迟疑一下的时候，"在人与人之间什么话都是可以说的。"在他和她一起度过的那告别的一夕，有一阵子由于她说的一句充满仁慈和友谊的话，他热泪盈眶地哭将起来，"而她也几乎和我一样"，他保证着说。和他在一起，应该欢迎这种突发的至情流露，如果他克制住这种流露，他倒会显得有些做作了。他只是在一个家常的、亲切的圈子里才感到完全自由自在，于是乎，他就忘其所以地把那些丰富的、强劲的、绚丽的、富于情感的精神能力完全发挥出来，使所有听的人都倾倒：认识他而又恨他是不可能的。

毛尔来[5]长老是严格遵守方法、讲求准确的人，人家说他就是走路也"老是把肩膀向前紧缩着，以便更贴近自己"。这个姿势与狄德罗的恰恰相反，人家想象狄德罗：头向前，胳臂伸得直直的，胸脯敞开，老是准备冲出去，第一次见面就拥抱你，只要你稍微能得他欢喜。在这里，人的姿势就是他的精神的写照。

如果《百科全书》在当时，并且适逢其会地是狄德罗的主要社会事业，在我们今天看来，他的主要光荣还是创造了那种真情流露的、热心奖掖而又善为说辞的批评：他是从这方面还生活在人们的心里，对于我们所有当报人的人们遇着任何题目都要出口成章的人们来说，他应该永远是我们所亲爱的。我们应该奉之为祖师，为此道中第一典型。

在狄德罗以前，法国的批评有拜尔[6]的确切、好奇与细致，有费纳龙的娴雅与隽永，有罗朗的正直与有益；我为审慎计撇开佛勒龙（Fréron）和代风屯（Des Fontaines）之流不谈。但是没有一个地方它曾显得是活泼的、富启发性的、深入的，我可以说，它不曾找到它的灵魂。狄德罗是第一个人把灵魂赋予批评了。他生性就是趋向于忽略缺点而激赏优点的。"我的感受，"他说，"来自德行之妍美者多，来自邪恶之丑陋者少：见恶人我就缓缓地掉过头去，见善人我就飞奔着前往欢迎。如果在一部作品里、一个性格里、一幅画图里、一座塑像里，有一个美的地方，我的眼睛就在那里停下来；我只看见这点美，只记得这点美，其余的几乎都忘记了。如果整个的都是美，我又该怎么样啊！……"这种青眼相迎、一概从宽、易于激赏的心情，无疑地有其危险之处。人家曾说他特别侥幸的有两点："他从来没有碰到过一个坏人，也没有碰到过一本坏书。"因为，如果书坏，他就把它重作一番，无意地就把自己的某几点发明挂到作者的账上。他也和炼丹人一样，他在丹灶里找出了黄金是因为他把黄金放到丹灶里了。以上我是把缺点和流弊指出来了。然而，首先把富于启发性的美点批评引进我们法国，代替着缺点批评，这个荣誉还是属于他的；而且，就这方面说，夏多布里昂在《基督教之特色》里畅论法国文学批评的那一部分也不过是循着狄德罗所辟开的途径罢了。

阿尔诺长老对狄德罗说："你的才和写剧本的才正相反：剧才要把自己变成所有的人物，你却把所有人物变成你自己。"但是，如果狄德罗丝毫不是戏剧诗人，如果他一点也不够作这种至高的创造、作这种无我的变化，他却高度地具有摇身一变，变出一半来的能力，这正是批评的手法、批评的成功，所谓变出一半就是设身处地、把自己放到作者的立场上，放到所要品评的那个题目的观点上，读任何作品都用写那作品的精神去读。他善于临时地、随意地采取这种别人的精神，由此获得灵感，并且常常比别人自己还要想得好些，他不但由头脑里热出来，并且由心里热出来；于是乎他就成了现代最伟大的报人，成了此道中的荷马，又聪明，又热情，又欢喜向外发扬，又娴于辞令，永远不朝自己着想，老是朝别人着想，或者，如果是他把别人接待到自己的心里、接待到自己的思想里来，他在这时候也是最开诚布公的、最殷勤好客的，对一切人、一切物都是最友爱的，对他所接待来的人，作家或艺术家也好，读者也好，不是给一番教训，而是给一场娱乐。

他在他那些绝妙的《绘画沙龙》里所表现的就是如此。格林是经常给北欧的好几个君主写文艺新闻的，有一天他要求狄德罗替他对1761年的沙龙（画展）写一篇报导。直到那时为止，狄德罗搞过不少的东西，但是，专谈美术，却从来没有干过。既受朋友之托，他就第一次想到要把平时一直只当作走马看花的东西来仔细看一下，考察一下；于是，观察、思考的结果就产生出这些奇妙的笔谈，真正地创造了法国的美术批评。

我知道有一个反对的意见，是人家通常对那些谈艺术的美妙的文章提出的，特别是狄德罗的《沙龙》引起的。这意见就是：它们都是从题旁立论，它们是从文学的、戏剧的观点论艺术，这是法国人所钟爱的观点。

奈克夫人写信给狄德罗说："我继续读你的《沙龙》，获得无限的兴味：我只从诗意方面去爱画；而你就善于这样来给我们阐释我们现代画家的一切作品，纵然是最普通的作品。"这句赞语堪称允当，有几个精于审美的人认为，这是最伟人的批评。"可不是嘛，"他们说，"法国人的特性就是用智慧评鉴一切，纵然对形与色也是如此。是真的，既然没有语言能够表达出形的种种细腻和色的效果万殊，则谈论时既不能表达我们所感到的对象，就只有描写能被大家了解的其他的感觉。"狄德罗最难逃掉这种责难，他所看到的画幅最通常地只是一种借口、一种动力，使他另画出他所想象的画幅。他写的每一篇画评都差不多一律由两部分构成：第一部分描写他眼前的画幅；第二部分就建议自己的画幅。然而，这种高谈阔论的人们如果能像他那样深入题材，能像他那样对艺术、对所谈的对象具有一种浓烈的情感，直透入内心深处，则他们就同时是既有趣而又有益的：他们引导着你，他们叫你注意，当你跟着他们、听着他们的时候，当你随着他们拿起本题又丢开本题的时候，你的形色感，如果你是秉有形色感的话，就会在你心里被唤醒起来，完成起来，并且逐渐尖锐化，然后你不知不觉地也变成好的评鉴家，变成识者了，由于说不出的、语言所达不到的一些神秘的理由。

狄德罗在他的评画方式上做文学家，做到什么样程度，我们一看就能觉察出来：有一个画家画了一幅《特勒玛克在迦丽卜梭家》[7]：场面是在宴席上；那青年英雄正叙述他的许多遭遇，迦丽卜梭递给他一个桃子。狄德罗觉得迦丽卜梭敬的这个桃子是个愚蠢，特勒玛克比那个水仙，比他的画家都聪明得多，因为他继续讲他的遭遇，不接人家敬来的桃子。但是如果这个桃子敬得好，如果光亮以某一种方式落在桃子上，如果水仙的表情又能配合这些，总之一句话，如果这幅画是出自狄天（Titien）或韦罗奈斯（Véronèse）之手，这只桃子就可能是一个杰作，尽管智慧觉得在桃子上看出愚蠢；因为，在这种条件下，人们所听不见的、敬桃子可能打断的那种谈遭遇的叙述，在一个画幅里，只是极次要的了；我们无用耳之处，我们全副精神是在眼睛上。

不过，在大部分情况下，狄德罗有那种正确的、真实得令人叫绝的见解，并且还不是以批评家的身份，而是以画家的身份表达出来的。比方，韦安（Vien）画了一个卜西舍[8]，手拿着一盏灯，来就爱神熟睡时偷看他的真像，他暗指着韦安说：

呵！我们的画家们多么不聪明啊！他们多么不认识自然啊！卜西舍的头应该向爱神低着而全身却向后仰一点，就像一个人要进入一个地方而又怕进去，准备逃走的那样；一只脚落实，另一只脚只掠到地面。还有那盏灯，她应该让灯光照到爱神的眼睛吗？不应该把它拿得开点并且用手挡住以减少亮光吗？而且这也是以很动人的方式给画面配光的一个办法。这些人就不知道眼睑有一种透明性；他们就从来没有看到过一个母亲夜里来看她摇篮里的孩子，手里拿着灯，生怕把孩子照醒了。

但是狄德罗特别使人听了——纵然是画家听了——感到妙绝的地方，就是他着力说明结构中"统一之力"的时候，说明整体之和谐与效果的时候，说明动作之全面协调的时候，他本能地懂得那种广泛而阔大的统一性，他不断地谈到这上面来；他要求表情与格调之互相配合，要求枝节之容易联系整体，要求自然的互相适应。代亥（Deshays）画了一个圣伯诺瓦（Saint-Benoît）临死时接受着圣礼，他谈到这幅画时，叫人知道："如果画家把那个教圣画得更接近死亡一点，胳臂伸直一点，头向后倒着，唇部死气沉沉，面部悠然神往。"只因为主要人像的表情上有这一点条件变更，就必须把所有其他的面容都作适应的改变，面容上要多画点悲悯之情，多散布一点感叹的色泽："这才是叫青年学生目击神会的一幅画哩，"他又接着说，"一点之差，全盘皆变，否则真实性就化为乌有了。这幅画可以作为说明统一之力的绝妙的一章。"在这一切上面，狄德罗确然是伟大的批评家，像这一类全面性的批评，任何一门艺术都不能借口于技术不同而避不接受。"我觉得，"他说，"画家一拿起画笔，就应该有个强劲的、机巧的、微妙或显赫的命意，准备产生某一效果，给予某一印象……很少艺术家有命意，而几乎没有一个艺术家能够不要命意……没有一个合乎中庸之道的，或者只有些有趣的命意，只有个新颖的题材，或者只有一个惊人的命笔。"

这种"惊人的命笔"究竟也是一个必要的条件，没有它，命意本身也活不起来，这种别开生面的、高人一等的手法正是任何大艺术家的特征，当狄德罗在画家中某一人的作品里遇到这种手法时，他就第一个感觉得到，并且第一个给我们阐明，他用的话语也是惊人的、奇特的，包含一个崭新的词汇，仿佛是他在我们的语言里新发明出来的。他在风格中就有这种推陈出新的反映。而一般说来，所有他禀赋的那些即事成章的急才，那种又绚丽又敏捷的想象力；所有他那些深刻、工巧、大胆的思想宝藏；对自然、对风景、对家庭的喜爱；乃至他的肉感，他对摸触、对描写外形的那种坚定不移的嗜好，对颜色的感觉，对肌肉的感觉，对生命与血液的感觉，这种感觉，"连善于设色的画家都慨叹不能表出"，而他却能于走笔而书时碰到；上述狄德罗所有的这许多宝贵的优点都在那些《活叶》中找到用途了，这些《活叶》在后人眼光里还是他的光荣的最确实的保证。

他每逢谈到凡尔内和格勒兹时都特别卖力。格勒兹在狄德罗的心目中是艺术家的理想；他是个诚恳而多情的画家，善画家庭生活和动人故事，有感动力，有廉耻心，同时具有轻微的肉感和道德意味。此所以，狄德罗一遇到他就恋住他，阐明他，演绎他，解释他，补充他，从此不放松他："我也许讲得太长了一点，"他说，"但是你可知道我叫你讨厌却自己感到多么有趣味啊！世界上一切别的讨厌鬼都是这样。"狄德罗对《刚定聘的乡村姑娘》、《哭她的死鸟的少女》和《亲爱的母亲》等等所作的分析，或者毋宁说所作的画图，都是些杰作，都是些对着画幅即景生情的小诗。狄德罗常欢喜说他的画家"他画得开阔，他描得开阔"；而他自己在批评上也是如此：他发挥得开阔。他的批评有奔放之势。就是他给我们含英咀华地描写着格勒兹的每一首家庭小恋歌，他也有办法向里面掺入他个人的腔调。在那篇《啼哭的少女》的分析里，他更进一步，竟插进整个的一首怨歌，完全是他自己的发明。那个小女孩，样儿在哭她的死鸟，她有她的秘密，她还为别的事哭哩："呵！那美丽的小手啊！那美丽的胳臂啊！看这几个手指上的一些细节画得多么真，这几个肉窝，这种柔软，还有头把她的纤指尖端压出的这种微红，这一切的妩媚劲儿。如果不是尊重这个女孩子和她的悲痛的话，简直要走近这只手吻它一吻。"而他尽管说着尊重那女孩的悲痛，却还是走近前去；他开始和她说话了，尽可能轻轻地揭起蒙在神秘上的纱巾："但是，小姑娘，你的悲痛是很深沉的，很有心事的。你这种凝神梦想、忧愁恼闷的样儿是说明什么呀？怎么？就为着一个鸟儿！你不是在哭，你是在伤心；伤心自有伤心事。哪，小姑娘，敞开心来对我说罢；告诉我真心话；真是死了这只鸟儿就使你这样深沉地、这样悲凄地想心事吗？……"他还继续说着，透过恋歌把他的悲歌直唱下去。就这样，画幅在他眼里只变成一个由头，使他自己在梦想、在作诗了。有那么一种半诗人，走到批

196

评里就变成、就显得是彻头彻尾的诗人，只需要外界有个支点，有个刺激，就发生这种变化，狄德罗就是这种半诗人之王、之神。请注意，狄德罗分析着这个画幅（并且分析格勒兹的其他画幅也是如此），他总是欢喜透过精神的外皮找出，或者放进一个细微的肉感的脉管，这个脉管也许画里本来就有，但是无论如何他是爱盯着眼睛往下看，用指头指出来，不但不肯抹煞，还想把它放粗并加以扩大。乳房的隆起，轮廓的柔软，就是在这种家庭画里，就是在贤妻良母画里，他也是不断地谈到这些，他越看、越描写就越感兴味，并不是以批评家或艺术家的身份，也不是以精求细品的游冶郎的身份（狄德罗并不淫荡），而是以有时微嫌粗俗的自然人、物质人的身份。这是他的一个弱点，一个庸俗的，甚至于有点卑鄙的方面。这样一个卓越的、恳挚的、高尚的、热情的人，这样活跃、这样工巧、这样精明的一个批评家，他首要的癖好就是宣扬风化，一站到艺术对象面前，他竟然不能知其所止，不以提高并确定我们美的概念为己足，甚至于不以满足我们感性的印象为己足：他还要做过一点。他搅乱着我们的感观。此所以有些时候，你看见他额头上有一线柏拉图的睿哲之光，你可不能相信他，你再仔细看看，总归有萨提尔[9]大仙的一只羊脚。

我们所要指陈而又难于求证的东西，谁将来读狄德罗都自然能看得出。在千千万万的例子中这里却有下面这么一个，是可以征引的例子中的一个：狄德罗谈到一个青年风景画家，叫作卢台堡（Loutherbourg）的，他正以画田园风景入手，颇具鲜妍之气："努力罢，青年人！"他向他高呼着说，"你走的路程已经超过你的年龄所允许的限度了……你有个妩媚的伴侣应该能管得住你。不要离开你的画室，除非去观察自然……"我们试想想把青年卢台堡的这位伴侣拉出来干什么。但是狄德罗却抓住不放，偏要再谈到她："跟她住到农村去，"他继续说，"去看太阳起山和落山……早早起床，虽然你睡在那年轻貌美的伴侣身边……"下面风景的描写尽管淳美得令人神往，尽管仿佛渍透了露珠和光明，我们总感到这种半揭开的床笫的一角，一而再、再而三地提起，实在放得不是地方，几乎是有碍观瞻。狄德罗的笔下经常是这样的。这就是，在他那些妩媚的、隽永的、甜美的优点当中有一种肉感主义的不雅的习惯，一种布尔乔亚的随随便便的祖裼裸裎，由于这，他就远不及另一个伟大的艺术批评家勒兴[10]了。

但是过于着重这点又会有失公平，因为他在别方面的胜处又太多了！他论速写的那些妙语也可以用到他自己身上，用到他那些轻灵的活页上："一般说来，速写有绘画所没有的一种灵机。那是艺术家神到的那一刹那，是纯粹的感兴，毫不掺杂思考所放进一切的那种修饰；那是画家的灵魂自由散播在画布上。诗人的笔、巧手素描家的铅条都像是在跑着、游戏着。迅速的思想以一划传神。原来，艺术的表现越空泛，想象力就越能自在地活动。"这也就是批评家兼画家的狄德罗自己在活泼泼地速写着，拿事实给我们看。他曾在某一地方论拉·杜尔（La Tour）的彩铅画说："仿佛光阴的翅膀一扑就会使铅粉飞得干干净净"，就会使艺术家只留下一个名字而已。多少年都过去了，而拉·杜尔的彩铅画还是活生生的；狄德罗的速写现在同样地也还是活生生的。

关于凡尔内和他在1767年度沙龙里展出的那七幅画，狄德罗曾写了整整的一首诗，我无以名之，只好说是诗。他在开始分析凡尔内的这些"野景"和"海景"的时候，他假定有事要到乡下去，要到滨海的一个乡下去，假定他在那里看到几个现实的场面以弥补不能到沙龙里看画展的缺憾。而这几个场面，他给我们叙述着，描写着，详载当时的谈话，当时的散步，当时有关各种问题的讨论，在身份不同的发言人之间活跃起来。大家谈自然，谈艺术，谈二者之间的微妙关系；大家谈世界，谈宇宙秩序，谈有关人类视力的观点。狄德罗把他那满肚子的千千万万的思想萌芽都大量地散播出来。然后，突然，到临了，他的秘密，本已来到笔端两三次又留住了，现在却漏出来，原来他叫我们看的那些自然景色只就是凡尔内的那些画幅，他高兴要这样想象着，把它们放到实际里，把自己放到作画人的地位上，甚至于放进作画人的灵感里。像这样一个批评方式，真是个彻头彻尾的创造。

狄德罗在他的《沙龙》里找到了对法国人谈美术的唯一的真正的方法，从智慧方面，用漫谈形式，把他们导入这种新的感觉，使他们由思想进入颜色。在读狄德罗之前，有多少人都能跟奈克夫人一起这样说："我以前在画里只看到些平面的、无生气的色彩；他的想象力为我赋予它们以凸凹与生命；凭仗着他的天才，我几乎获得了一个新感官。"自此以后，这个后天获得的新的感官在我国已经有了很大的发展了；希望今天已经成了我们的一个完全自然的感官。[11]

狄德罗之有助并有益于艺术家，不亚于其有助并有益于社会大众。有人曾对我说，大卫（David）——他虽非大画家，却是一个画派的大宗师——不谈狄德罗则已，一谈到他就感激万分。大卫的发轫时期曾是很艰苦的，他在最初的奋斗中曾一而再、再而三地失败过。狄德罗专欢喜跑画室，一跑就跑到大卫的画室里来了：他看到大卫正在完成的一幅画，他大加赞赏，予以解释，在里面看到一些宏伟的思想与意匠。大卫听着他说，并且坦白告诉他，自己并不曾有这一切美妙的意思。"怎么！"狄德罗叫起来，"那是你不知不觉地，那是你本能地这样做了！那就更好啊！"于是他就赞赏得更厉害。这种迎接的热情，由一个名人表现出来的，使大卫又鼓起勇气了，对于他的画才来说，这是做了一件大好事。

我们还有狄德罗的许多零星小品、小记、小故事、趣话等等，人家惯称之为杰作。杰作嘛！跟着狄德罗用这个名词总归带点奉承的意味。真正的杰作，那种工夫到家的、确定不移的、结构完备的作品，由审美力节制着气势和情感的作品，并不是他的事：在他的作品里到处散开的那种优越的品质，不集中在任何一个地方，没有在任何一个地方被纳入框栏里、明晰地照射出来。我们已经看到，他宁可说是写速写的人。在他有意写成的那些小品里；如《理查逊赞》，或《旧睡衣的悼念》，他固然能摇曳生姿，有妙想，有性灵语；但是浮夸的习惯又来了，往往脱颖而出，他那种呼名诘责损害了自然之致。有一种浮夸之气和阵风一样，不是在这里就在那里吹出来。在这方面，他稍微有点像给漫画提供材料，而为他画像的人们也就不放过这一点，所以他的那些肖像通常都是夸大的。狄德罗自然流露、绝对成功的地方，是在他毫无准备的时候，是在他不作任何打算的时候，是在他的思想无意冒出来的时候，是在发行人在那儿催他、等着他的时候；再不然就是在邮差就要来、他在小旅馆的桌子上赶写一封信给他的女朋友的时候。我们就是在他和这位女朋友佛朗小姐（Mlle Voland）的《通讯录》中，在他为格林写的那些《沙龙》中，找到他的最美妙的文章，找到他那些真诚而敏捷的如闻其声、如见其人的速写。

而你也可不要以为他写得快就写得草率。这种风格，在他的最迅疾的片段里，都是有推敲的，有抑扬顿挫的，充满着吻合于情感与思想之最神秘色调的那种和谐的效果。他的风格充满着大自然与绿色的反映；其所呈献的这种反映甚至于比布封和让-雅克的风格还要多出万倍。狄德罗在语言里曾起革新作用，曾给语言注入调色板上的和虹霓一般的色彩：他已经透过画家、透过画家的眼镜看到大自然了。如果不是自此以后人们把这个优点已经用得太滥的话，我还准备宣扬得更多些哩。

人们曾经很夸耀《拉摩之侄》这部书。歌德老是想着一种杰出的命意和结构，曾试图在这部书里找出一个意图，一个组织，一个道德意义：我坦白地说，我是很难在这部书里看出这种目的与联系的高度。我在里面发现许许多多大胆的、深刻的思想，也许是符合真理的，时常是癫狂和放荡的，书里有一重矛盾，却太微弱了，简直像是两个人物在合谋着唱双簧，经常是碰到什么写什么，没有任何结论，或者，比没有结论更坏，有一个模棱两可的最终印象。沙斯特吕骑士[12]批评狄德罗的另一个作品曾说过一句话，这句话多多少少是可以用到他的几乎全部作品上的，他说："那都是些孤立的思想，吃醉了酒，彼此追逐着跑起来。"我相信，这句话用在《拉摩之侄》上面是再恰当不过了。

狄德罗到了老年常常自问：他曾否好好地利用了他的一生，有没有浪费他的生命？他读着塞内卡[13]的《论人生之短促》，特别是第三章，读者被这剀切地敦促着："好罢，检查一下你过去的时日或岁月，叫它们作个总结。告诉我们，你有多少光阴被债权人、被情妇、被奴隶主、被门客盗窃去了……有多少人抢劫去你的生命而你自己对你所损失的连感觉也没有感觉到哩！"狄德罗受到这样的敦促去作内心反省，只写了一句话作为全部疏证："我从来没有读着这一章而不感到脸红，这就是我的历史呀。"多年以前他就已经说过："我还不感到我的精力已经用掉一半；直到现在截止，我只做了些无谓的事作消遣。"他就是临死也可以重说这句话。但是，作家和艺术家的这种耿耿于怀的追悔，他又以哲学家和道德人的身份予以纠正与减轻，他回答说："人家丝毫没有盗窃我的生命，我把生命贡献出去了；对于看得起我而要求我赠予一部分生命的人，我除割爱相赠还能有更好的做法吗？"就是根据一个完全类似的情感，他还在别处写出了这样可佩的、富有人情味的几句话：

> 一个单纯为着我个人的快乐，不大能使我感动，而且快乐的时间也不会长。我读书，我思考，我写作，我默想，我听，我看，我感觉，都是同时为着我也为着朋友们。他们不在当面，我的忠诚却对一切都为他们着想。我不断地想到他们的幸福。如果有个美的线条引起我注意了，他们也就会知道这个美的线条。如果我遇到一件美事，我就决计给他们报导。如果我眼下有个引人入胜的景色，我就不知不觉地在心里想着怎样去给他们描述。我的全部的感官，全部的机能，都是专为着他们而运用的；因而在我的想象力里，在我的言辞里，一切都夸大一点，一切都比现实更丰赡一点，其理由也许就在此；而他们却有时反而因此而责难我，真是忘恩负义啊！

我们这班人也在他的朋友之列，是他从远处模糊想到的人们，他也是为我们而写作的，我们绝不会忘恩负义。尽管我们有太多的时候在他的作品里遇到他所自承的这夸大的一角，尽管觉得他说话不够审慎，不够凝炼，在行为和言辞上都有些放荡，在审美方面也不无白圭之玷，尽管我们因这种种而为他惋惜，但是我们却钦佩他的淳朴，他的同情，他的知音，他的视野与画笔的那种细腻与丰赡，他的笔触的柔和，他在勤劳不懈中还能保持独擅的那种令人拜倒的清新。对于我们大家，狄德罗都是一个使人一见或细看都能获得安慰的人。他是真正属于现代民主社会的最早的一个大作家。他给我们指明道路，并且以身作则地给我们示范：参加不参加那些研究院都无所谓，但是要为大众写作，要向大家说话，遇到就写，不断地赶着，尽管他崇尚梦想，他还是走向实际，走向事实；贡献，贡献，再贡献，不问收获，只问耕耘；宁愿消磨，不愿锈烂，这就是他的座右铭。他一直到死都是如此，经常是坚毅的，忠诚的，带着那种精力不断消耗的感觉，有时不免悲伤。然而，透过这些，而且并没有怎样想到要传世，他竟能从那一切散乱的文字之中救出了几部传世之作，他教导我们：一个人和船舶一样，天天受着风吹浪打，向下沉没，只要能和他一样努力，还是可以到达彼岸、传之未来、垂之后世的，哪怕从沉没中救起的只是一些残余。

注释

1　狄奥仁（Diogène，公元前 413—公元前 323），古希腊哲人，主张任自然，薄富贵，不拘礼俗；经常敝衣赤足，住在一个庙门楼下，睡在一个破木桶里，箪食瓢饮，甘贫乐道。

2　白特药（Pétrone，1 世纪），拉丁作家，在暴君尼禄（Néron）朝廷上过着风雅而享乐的生活，曾著书详记当时的罗马风俗。

3 拉瓦台（Lavater，1741—1801），瑞士哲学家、诗人兼新教神学家，发明科学相面术，据面容推测性格。

4 伯劳斯庭长在他从巴黎写出的那些信里，曾叙述他是怎样由布封介绍认识狄德罗的："我想认识一下，"他说，"这个狂怒的玄学头脑。"而他见了面之后，就又说："那是个怪乖巧的孩子，很温和，很可爱，大哲学家，很好辩，但是专爱就枝节问题发挥，滔滔不绝。昨天他在我的房间里从九点钟待到一点钟，给我讲了足足地有二十五个枝节问题。呵！布封比所有这班人要清楚多了！"——原注

伯劳斯庭长（Président de Brosses，1709—1777），是当时著名的博学者兼文学家。

5 毛尔来（Morellet，1727—1819），法国文学家兼经济学家，《百科全书》合作人之一。

6 拜尔（Bayle，1647—1706），法国怀疑主义的作家，为"百科全书"派的先驱，著《历史辞典》。

7 古希腊传说：希腊东征特洛亚（Troia）的主要英雄之一尤利西斯（Ulysses）凯旋时在海上失踪了；他的儿子特勒玛克（Télémaque）漂海去寻找，历尽了艰险，结果被风浪打到水仙迦丽卜梭（Calypso）的岛上来，水仙一见这青年英雄就爱上了，想留住他；但特勒玛克无意于此，终于回到故国。

8 希腊神话：卜西舍（Psyché）是一个绝色少女，美神维纳斯忌妒她的美，命令儿子爱神去杀死她；爱神一见她这样美，不但不忍杀她，反而爱上她，叫春风之神把她送到一个秘密岛上私下和她同居了。这里所说的画中情节应该是初到岛上她还不知道爱神身份的时候。

9 萨提尔（Satyre），古希腊神话中的山神，是一种羊脚大仙，专欢喜追逐林中仙女。这种好色的作风与柏拉图所讲的精神之爱适成反比。

10 勒兴（Lessing，1729—1781），德国的大批评家，其作品对德国的戏剧和文学的发展起了重大的推进作用。

11 狄德罗的《沙龙》生前没有出版，只是在奈容给他编的（1798）《全集》里才印刷出来；但是当时社会上都知道，有许多抄本流传着，看奈克夫人的信就知道。——原注

12 沙斯特吕骑士（Chevalier de Chastellux，1734—1788），军人兼文学家，以丰神俊朗、鉴识精辟著称。

13 塞内卡（Sénèque，约前4—后65），古罗马哲学家，斯多噶派，著伦理哲学论文甚多。

博马舍[*]

注释

* 《博马舍》(*Beaumarchais*)，1852 年 6 月 14 日、21 日及 28 日分三次发表，
  载《月曜日丛谈》第六册。

I

  没有博马舍，和没有狄德罗、伏尔泰或美拉波一样，就没有完全的 18 世纪；他是 18 世纪最特殊、最有代表性、最有革命性的人物之一。当他革命的时候，他是凭热情、凭兴致而革命，没有预先打定主意，要走得像人们所相信的那么远。在这方面，他很有些与伏尔泰相似，同时，他也和伏尔泰分享着一代才人的盛名；我用这个"才"字是含有泉源充沛、不断涌出的意思的。但是，伏尔泰却比博马舍多个审美力；博马舍随着他的才情、循着种种趋向去发展，他听其自流，毫无控制。我们谈论他，切不要带着系统精神，因为他本身就是没有系统精神的：他只是一个绝对听任自然的人，被扔在、被漂在甚至有时被淹没在时代的波澜里，在许多的潮流中浮游着。

当今一个在传记体里出了名的作家——法兰西大学院[1]代理教授罗麦尼（Loménie）先生本年度曾用好几课的时间讲博马舍，并曾用他得自博马舍氏家庭的一些特别资料说明了这位非常人物的性格。罗麦尼正在为博马舍写一部全传，却迟迟尚未出版；我倒很希望他这部作品发表在我这篇评传之前，因为我这种速写目的只在扼要综述真实的和已知的事实，不想以创见超在任何人的前面。然而，我曾有机会和罗麦尼先生作过一次亲切的谈话，使我深受教益，只可惜他给我提供材料又突然停止了。不过，我所曾做到的，我在任何情况下都会做到的，就是我曾多读、多翻阅博马舍的作品，博马舍谈到自己的时候是一个最不缜密的人，因而我觉得单是好好地听他自白、听他倾诉衷肠，也就差不多足够知道他了。

皮埃尔·奥古斯丹·加隆（Pierre-Augustin Caron），后更名为博马舍，以1732年1月24日生于巴黎圣雅各屠店教区。他的家世，罗麦尼先生将会有详细的阐述。据我相信，他的家庭原籍是诺曼底省，后来定居在白利[2]；祖先是奉新教的。博马舍的父亲以制钟表为业，并且培养他的儿子做这一行；他似乎是个善良的、诚恳的人，从新教的习惯中保留下来一个宗教的信与爱的根柢。后来，在他那些著名的争讼中，当有人骂他出身寒微的时候，博马舍曾以极动人的口吻说到这位父亲，其文笔大有贺拉斯[3]的风味。

"您这篇杰作，"他对戈思曼（Goëzman）夫人（他的对手方）说，"劈头就骂我祖先的地位寒微。唉！夫人啊，事情是太真实了，我先人的最后一个曾做过好几种行业，并在钟表制造技艺上累积了一个相当大的声誉。在这一条上，我既不能不向真理低头，我就只好痛苦地承认；您骂我是我父亲的儿子，骂得太正确了，无法洗掉这样一个正确的责骂……但是，我住笔了，因为我感觉到他在我背后，看着我写，并且一面拥抱着我，一面笑着（这是一幅多么灵敏、多么平易、多么深情的画面啊）！

"夫人啊！您骂到我的父亲，您真臆想不到他那副慈祥恺悌的心肠！真的，撇开钟表匠不谈，我就看不到任何一个做父亲的人能使我愿意掉换一个父亲……"

并且，当他的敌人们要在这一场争讼中对他落井下石的时候，当他看到他自己被关入牢房、含冤莫白、倾家荡产的时候，他把来探监的亲友的颓丧心情一一描绘出来：

> 我的可敬的老父，他那虔敬的心情、安命的态度更加重我的内心痛疚。他以沁人心脾的语调劝我皈依上帝，皈依那唯一的福善祸淫的主宰，他使我更深切地感觉到自此以后我所能期待于人世的公平和援助实在不多。

于是他又不止一次地回到他父亲的这种宗教性格上面："我的朋友们默默无言，我的姊妹们哭泣着，我的父亲祷告着。"

这位多情的、敦厚的、贤德的父亲在热情奔放的时候，说话既庄严而又淳朴，有一天，当他的儿子在西班牙的时候，当他的儿子到西班牙为一个妹妹打不平的时候，他曾给这个儿子写过一封信，这封信最近发表出来了[4]，简直是狄德罗的父亲的手笔，或者是狄德罗自己在他的一篇杂剧中假托一个为父者说话的口吻：

你谦虚地要求我爱你一点。这不是可能的，我亲爱的朋友；像你这样的一个儿子，同时，像我这样感得到、想得到的一个父亲，不可能叫我只爱你一点。我这些慈柔的泪珠，从我的眼里滴到纸上来的，就是一个很好的证明。你那颗卓越心灵的许多优点、你的灵魂的坚强和伟大，使我从内心深处最慈柔地爱出来。我儿啊，我亲爱的儿啊，凭我的白发为誓，我有何德何能配叫上帝这样宠爱我，给了我像我亲爱的儿这样的一个儿子呢！我觉得，对一个敦厚而多情的父亲赐予一个像你这样的一个儿子，上帝给人的恩典没有比这个更大的了。我最大的痛苦昨天已经过去了，既然我现在能写信给你，你就知道。我曾经五整天四整夜没有吃也没有睡眠，不断地号啕着。在我的痛苦减轻一点的间歇时间里，我就读读《格兰迪逊》[5]。有多少方面我都发现了格兰迪逊和我儿有共同之点啊！你对姊妹们是个慈父，对你父亲又是个朋友和恩人！我常想，如果英国有它的格兰迪逊一流人物，我们法国就有它的博马舍一流人物……

为着解释一下这种激情和这种语调，必须先提一句：博马舍这时刚露过锋芒，为了对家属的热忱而做了一件刚强坚毅的事。不过，我们由此也可以看出他的家庭在那种没有欢笑声的稀有的时刻里所表现出来的风格。所以，尽管那未来的费加罗有种种不敬不孝的言行，博马舍的这个家庭在老底子上却是有天性、有真情感的。这种天性、这种情感的表现，免不了带点浮夸，这也是很自然的，并且在当时不觉得，因为当时流行的书刊充满着这种浮夸语调，相习成风。博马舍的姊妹中，也有一个曾把他比作格兰迪逊。显然，他是他家庭的英雄，是他家庭的希望，他是独子，有姊妹五人，其中只有三个留在法国，她们对他，或因其才华好，或因其心肠好，个个都崇拜他、赞美他。他生得仪表堂堂，富于创辟精神，老是敢作敢为、兴高采烈，在他的举动中，在他的浑身，都有那么一点东西叫人家一见心倾；而对他倾倒的首先是他自己。当他初走上、在相当迟的年岁初走上文坛的时候，所有谈论他的人都说一见面就注意到他那种自恃和自满的神情。这种自恃，只是对自己的智慧和自己的办法具有极大的信心，他确实是经常自恃的；但所谓自满，那只是皮相，因为所有曾仔细观察他的人，形形色色的人都有，都一直承认他为人淳朴。

他早期试作的诗和韵文，我让替他作传的人去详述罢。我曾看到他在十三岁时写给留居西班牙的一个姐姐的信，在这封信里，透过小学生的面貌，已经能看出施露班[6]的成分和放荡者的成分了，已经有一种灵活的天机和洋溢的欢情了。这种欢情在博马舍身上是基本的血脉，他听其自然流露，便永远不会有差失，而他的敏感则有时促使他走向夸张的道路。

他在钟表业里待得相当久，并且不自以为可羞。他曾在这一行里表现出他的创辟才能，发明过一种制动机，这个制动机确实是他创制的，却有一位名叫勒波特（Lepaute）的先生硬要夺他的功。官司打到科学院，结果是博马舍打赢了。这第一次的荣誉，他始终珍惜着，把那张发明证书一直妥存在保险箱里，和《费加罗》稿本放在一块。然而，当他这样在如他所说的"四扇玻璃"之中消磨了一部分青春之后，他厌烦了，要远走高飞了。这一段时期正是他所谓之"他的生活中的哲学小说"，假使能详细陈述，倒是饶有奇趣的。我们在这里只能拈出几个章节的标题。他爱好音乐，又唱歌，又写歌词；他会弹吉他，特别会弹竖琴，当时竖琴还是新鲜玩艺儿哩，他在这些娱乐中也拿出了他遇事都表现出来的那种创辟精神。二十四岁的博马舍应该是多么美妙的一个音乐爱好者啊！多么婉曲缠绵、富有诱惑力的一个"林道尔[7]"啊！这时他认识了王廷一个小职员的妻子；她爱上了他，丈夫一死，他就于 1756 年 11 月 27 日娶了这位名叫玛丽·玛德兰·奥白丹（Marie-Madeleine Aubertin）的孀妇，同时也就袭了她故夫的官职。不久他就有了丧妻之痛，从 1757 年 9 月 29 日起他又鳏居了。然而，他在王廷里还保留着那个小官职，这个官职使他能涉足于最显贵的人物之门。他是快到 1760 年的时候，作为一个音乐家、一个可爱而又无足重轻的青年，被介绍到时君路易十五世的几个公主的那个小社团里去的。"我花了四年的工夫，"他常说，"以最勤谨、最无私的操劳，从她们文娱活动的各部门，赢得了她们的优遇。"他是她们的小音乐会的灵魂。他温雅地、恭敬地以一切可能想象的方式，逐渐沁入，以至于激起朝臣的嫉妒，他避免使人想起他与她们之间的那种天壤悬殊的地位；他感觉到他在那里是为着使别人开心的，不是为着向别人恳求的，他知道持一种保留态度，自尊自爱，而这种自尊自爱对于他不无裨益。

　　大银行家巴黎·居维内（Paris-Duvernay）最初建议给彭巴杜夫人[8]，创办了军事学校，主持了筹备工作，老来又成为这个学校的总务长，他把他最后的思想完全寄托在这个爱国的事业上，热烈盼望着王室来幸临一次以为这个事业的光荣。这是一种不惜任何代价以求实现的老人愿望，有谁能使他生前看到愿望的实现，他是可以付出一切来作为报酬的。他一直还没有能得到这种受人重视的最高表示，而这时博马舍出来了，他负责叫公主们先有幸临军事学校的意图，然后把这意图由她们传给太子，并且，如果可能的话，传给国王。他成功了。居维内衷心感激，大吹大播地宣布着他负责替这青年人创造前途：

　　啊！居维内先生啊！（博马舍在他的一篇辩诉书里这样高叫着），你是作了这个诺言的，是庄严地作了这个诺言的，凭着当时的太子和太子妃——今上（路易十六世）的父母，凭着四位长公主——今上的姑母，凭着全法兰西，在军事学校里，当王室全体第一次来看贵族青年演习的时候，来接受一个华贵的招待、使一位最可敬的八十老翁欢喜得掉下眼泪的时候。

啊！我当时是个多么幸福的青年啊！这位伟大的公民盼望着他的主上来幸临一次这个最有益的事业，空空地、苦痛地等了九年，终于一旦实现了，他在喜极之余，热泪盈眶地拥抱了我，并高声叫道：这就够了，这就够了，我的孩子；我本来就很欢喜你，今后我把你当我的儿子待了！是啊，我一定实践我方才作出的诺言，除非我死了没有办法。

这样动人的庄严场面不免要使我们有点发笑，如果我们想到如此种种其结果不过是使博马舍参加了一些发财的生意，分润了一些囤粮的利得，使他拥有了数百万家资。像这样把兴趣，并且在某种程度上把感情寄托在投机和发财的观念上，在我国作家中博马舍还是第一人。而在这方面他也就成了一个开山祖师：几百万家资和几篇剧本！从此以后，这就成为不止一个作家的座右铭了。

居维内践约了。他先给予博马舍好几个发财的机会都没有产生他所预期的效果，因而——"他想了个办法，要一劳永逸地实现他的诺言，他借给我，"博马舍说，"五十万佛郎以便买一个官职，这笔款子将在他许给我的几项大企业的收益里慢慢摊还。"这个官职——是在林产管理方面的，我相信——虽然被博马舍买到了，却不能保有下去；他所要加入的那个集团的人认为他出身钟表匠的家庭，不配加入，联合拒绝他，构成不可克服的障碍。他对人类的愚顽作了他的一些哲学思考，毫不介怀，另寻出路。不久以后，我们又发现博马舍在王廷上另有一个官职了，因为他花钱买了几张贵族文凭，头衔是：助理骑士、御前谘议、秘书、御苑法区监猎官——法区首长是拉瓦烈公爵（Duc de Lavallière）。作为监猎官，他就觉察到了某些弊窦，因而又兼上一个裁判官之职，板着面孔执行任务。

1764年（他三十二岁）发生了他生活中最富有戏剧性的一桩公案，这桩公案曾由他自己在一份辩诉书里陈述出来：这就是《克拉维哥》（Clavico）故事，人们曾用这故事写成一些剧本，但是唯一真正的剧本还是出自博马舍的手笔。当他十年之后和拉·伯拉什伯爵（Comte de La Blache）、戈思曼法官打官司的时候，他的敌人和他的原告想尽办法要彻底打倒他，因而有人散发一封所谓西班牙来函，对他青年时代一个慷慨行为竟至加以歪曲和指摘。博马舍没有这种猴子在手里玩往往就垂头丧气、闲得发慌，这一下可又抓到一个机会了[9]，他把他当年的旅行日记公布一页出来，这日记，据他说，原是永远不应该发表的。我们应该根据他的手笔，应该在他对戈思曼的第四号辩诉书（1774年2月）里重读一遍这篇无与比伦的叙述，在这篇叙述里，他的神来之笔驱遣着一切，使一切都生动起来。如果博马舍真是从1764年起就写出了这篇文章，他从那时起就已经是个作家，是个炉火纯青的导演了。

我们只简单地叙一下吧。博马舍听说他的两个久居在西班牙的姐姐之中的一个、较年轻而还没有结婚的一个，和一个风流才子、做马德里高级职员而名叫克拉维哥的人恋爱，两次濒于结婚，两次被对方负约了。这个年轻的姐姐爱得要死又气得要死，要求一个卫护者和一个复仇者。博马舍就去了，带着居维内的许多信件（其中还有不少的支票），并在法国大使方面以种种方式获得支持。他一到马德里就去找克拉维哥，不说自己的姓名，假诌一个借口，在谈话中先摸摸底子，把他引到文学上来恭维一番，从对方的自负心方面掌握住对方，然后，突然回过头来，提到那微妙的一点，伸出宝剑，暂时悬着空，以便更好地再深入：这一席对话（连同对方哑剧式的动作）是一篇布局与导演的杰作，时时刻刻触到悲剧又同时触到喜剧。不过事件的结局不很与发端相称，被他揭穿而又这样紧逼着的那个骗子，差一点博马舍没有上他的圈套。这桩家庭公案结束了，它所引起的许多惊险也平安度过了，博马舍还在西班牙待了一年，为某一个法国公司试做一些生意，试办一些重要业务。据我们所能隐约看到的，他是要承包黑奴运送工作，负责为美国某些省份供给黑奴，为期十年。虽然这种生意没有成功，博马舍却给所有在西班牙遇到的人都留下一个既干练而又有才能的良好印象。他显得不愧为居维内的高徒，因为他本身就具有奥里（Orri）之流、顾尔维（Gourville）之流的因素，具有那些会耍花招的人们、那些事务练达而心术平常的投机商人的成分。不久，我们就要看到，博马舍在两篇喜剧之中，在两场官司之中，又经营着庞大的商务，给起义的北美提供军火和军饷，拥有自己的船舶、自己的航海队，甚至于还有一只兵舰，这只兵舰在遭遇战中还出过风头，在榴城一役之后曾博得厄斯丹[10]的嘉奖哩。博马舍大有吴佛拉[11]之风，并且，等而上之，他还具富盖[12]之一体。

直到那时为止，如果我们从他由西班牙回国（1705）叙起的话，他还没有任何作品问世。他就要开始了，而他的几篇初作并不怎样成功。他的剧本《欧日尼》，1767 年 2 月在法兰西喜剧院演出的，有狄德罗当时所提倡的那种严肃、端正的家庭剧风味。在剧本前面的那篇《论文》或序言里，他陈述着他的理论，而这个理论不过是主张对自然作纯粹而庸俗的摹拟，别无其他见地；他在这里面暴露出他的高尚诗情和理想的缺乏。对于这种人来说，莎芙克尔和他的悲剧《埃狄普》、飞狄亚斯（Pheidias）和他的雕像《仟彼得神》就根本没有存在过。依照这种理论——强调一种假良知而仇视高级美的理论，只要把市民生活中任何一个感动人的、令人心软的行为赤裸裸地、简简单单地搬上舞台，就足够达到艺术的最高峰了："如果有人竟有足够的蛮子气、足够的古典气（看他把这两个词连在一起，视为同义，真有点滑稽），敢来持相反的意见，我们就该请问他，所谓戏剧，难道不就是人类行为的忠实画图吗？"在这篇《欧日尼》剧本里，在接着演出（1770 年 1 月）的《两朋友》剧本里，博马舍还只是一个言情的、布尔乔亚的、眼泪垂垂毫无欢笑情趣的剧作家，源出于拉·硕色[13]和狄德罗。连狄德罗都还不肯承认他做学生、做徒弟哩，而高来[14]，于欢笑一道素称当行的高来也一点没有猜到他会是一个同行，一个大师："博马舍先生，"高来对我们说，"以他的剧本证明，毫无疑义地证明，他既无天才，又无人才，复无慧心。"高来的这句话，他在《塞维尔的理发匠》演出之后，又写过一个按语，里面充满了赞美和忏悔，终于把这句话纠正了。

好了，我们丢开这个"格兰迪逊"-博马舍不谈吧，他走错了路了，我们现在透过他生活上的种种风波来谈谈真正的博马舍吧，他的喜剧天才就要突然涌出了，甚至于在他变成"费加罗"-博马舍之前就开始涌出了，这种涌出，唯其是出于不意的，所以愈觉自然。本来他在生活中是经常具有这种欢情的，但是他很迟很迟，在环境逼迫之下，才想到把这种欢情放进他的作品里。他的生活，作为一个私人来说，当时是很舒适的，并且近于豪华。他已经在1768年又结婚了，他娶了一个寡妇，名字叫日纳维芙·马德兰·瓦特白莱（Geneviève-Madeleine Wattebled），是勒维克（Lévesque）氏遗孀，但是坏运气（博马舍经常很快就能获得安慰的一种坏运气）就偏使他于1770年11月又把这继妻死掉了。就在这个当儿，巴黎·居维内也死了，丢给博马舍一本账，根据这本账，他承认还要付博马舍一万五千镑。那一连串轰轰烈烈的官司就是在这时开始的。巴黎·居维内的继承人，拉·伯拉什伯爵，想起来要否认这笔一万五千镑的巨款，说那本账是伪造的。于是就打官司，这官司在初审、在市法院，先被博马舍打赢了。但是博马舍专欢喜同时赶几只兔子，老是自信心强、冒冒失失，在这个官司上诉期间他又跟韶纳（Chaulnes）公爵激烈地闹了起来，为的是一个姘头，梅娜（Mesnard）小姐，她原是这位公爵兼贵族院议员养作外室的，却被博马舍夺过来了。闹的结果是：双方先各自在住宅里软禁了几天，然后公爵兼议员被关进城寨，博马舍被关进主教裁判所[15]。于是他的对手方拉·伯拉什伯爵就抓住这个好机会来，如人们所说，因利乘便，把一万五千镑的官司打到高等法院去了；他把博马舍说成一个十恶不赦的人，一个无情无义的大坏蛋，凡是信任过他的人都被他骗了；并且还散发许多假信，有的信说是他写的，有的信是攻击他的；并且以浸润方式说他接连娶了两个老婆，两个孀妇，都是他用药毒死的。总之，拉·伯拉什伯爵不择手段把官司打赢了，查封了那囚徒的动产，还要倾家支付讼费，因而博马舍在两个月时间内竟由"一个普通人所能享受到的最舒服的生活被摔到卑贱与不幸的深渊里，我自耻亦复自怜"，他说。

就是在这时候，就是在这种失望的处境中，他表现出了毅力和一种稀有的镇定。"我最经常研究的事情之一，"他说，"就是怎样在严重关头控制我的心灵。这样锻炼自己是要有勇气的，我始终觉得这种勇气是一个神志清明的人所能引以自豪的最高贵的努力之一。"一个特殊的事实，并且是个极细微的小事，成为他的所乘之隙，他又从这个空隙里钻到上风，并且，凭着技巧和才能，又夺回了他所失掉的一切。博马舍命运的决定点就是在这时候（1773 年 7 月）。他是个四十岁的人，直到这时为止，他的一切都还仿佛在未可知之数，连他的才华都是如此。他被逼太甚了，他被打倒了、压扁了。在一个已经定论而又玷辱声名的事件里，他所能凭借的只剩下一个细微的枝节还能连得上本根；他现在是背水一战，立刻需要有毅力、有慧心、有天才，这一切，他都拿出来了。

我所说的这个枝节问题，他在仿佛大势已去的时候据为用武之地的这个枝节问题，是这样：他在主教裁判所里坐牢，照规矩要向审判官求情，因而他获得允许，出监三四天，由一个法警跟着。在这个短短的时间里，他曾三番两次想钻到戈思曼法官面前都没有成功，这法官是他的案子的检察人，并且是对他有成见、于他不利的检察人。就是这时候，他在无可奈何、悲观失望的当中，听说有个办法可以直跑到这审判官的书房里，就是给他的夫人送一份厚礼。一百个金路易[16]，一个漂亮的打簧表，装着钻石，此外还有十五个白花花的银路易，说是给一个书记官的；这一切都陆续交给法官夫人了，为的是要能见法官一谈，并且对方声明，如果官司输了，原物退还。官司真个输了，那位夫人很漂亮地就把那一百个金路易和打簧表退还了原主；但是，怪得很，她硬要留下那额外付的十五个不幸的银路易。于是乎谣诼纷纭，一面是呼冤叫屈，一面是戈思曼法官口出大言，这位法官不问知道不知道其中详细的关节，便胆敢挺身出来做原告，说博马舍想贿赂审判官。

我说，就是在这种极度的压迫与困顿之下博马舍又爬了起来，拿起笔杆，重新作战，这一次，一连发出四个辩诉书，给舆论界，给全社会，他是有那种艺术，能抓住舆论和社会而激起热烈同情的。为着了解他怎么能这样扭转舆情，我们就不要忘记他所对付的这个高等法院是在前届高等法院被放逐、被撤销之后由司法大臣莫布（Maupeou）建立起来代替老法院的。博马舍的巧妙就是于不知不觉之中把自己的问题和公众所受的侮辱打成一片了，他以锐利的嬉笑怒骂把自己变成大众的报仇人。他把戈思曼夫人拉进来，这位夫人是个小冒失鬼，长得蛮漂亮的，一句恭维话就叫她服服帖帖，一句老实话就叫她头顶冒火星，在她的整个行径中表现出来的是卑鄙、无耻和天真的混合，她出台的那些场面，全是绝妙的笑剧场面。那可怜的女人啊！在她对簿公堂的时候，他引着她说黑道白，颠三倒四，一忽儿叫她发怒，一忽儿又叫她平息下来；当她不晓得怎样说才好的时候，又不晓得对自己的前言不对后语怎样自圆其说的时候，她便极端天真浪漫地把那一切都推到病痛上面，说她那天正好感到严重地不舒服；当他把她逼得没有办法的时候，她就威胁他，要打他耳光；当他向她说句献媚的话，说她年虽三十看来却像十八岁一样，她就不自觉地微笑了，又觉得他不是那么可恶，甚至于还叫他把她搀上包车哩。这其中，又是欢情洋溢，又是机锋闪烁，又是冷嘲热骂，真是妙不可言。凡是他所拖进来的人，他都是这样对付的：叫人家都认识了他们；叫人家再也不会忘记他们了。我们在伏尔泰的《通讯集》里可以看到，一个高级才人，并且是与他同调的，读了他的辩诉书之后获得了什么样的印象，受到了什么样的影响，他对他的成见完全消除了：而伏尔泰对博马舍的转变也同样是所有的人对他的转变。"我读了博马舍的全部辩诉书，"伏尔泰写信给达尔任达说，"我从来也没有这样开心过。我怕这个了不起的小冒失鬼到底还是对的，驳倒了所有的人。多少骗局啊，天哪！多少丑恶啊！……""多么妙的一个人啊，"他又一次惊叫道，"他集了一切之大成，有玩笑，有严肃，有理智，有欢情，有气魄，有感动力，一切雄辩体裁他都具备了，而他并不追求任何一体，而他把他所有的对手方都驳得哑口无言，并且教训他的审判官。他那种自然本色真叫我喜之不尽；他那些粗心和浮躁的地方我都原谅他了。"据他的看法，他那些粗心和浮躁是"一个热情人被逼到尽头，被无故招恼，而生来又非常有风趣，有辩才"所表现出来的粗心和浮躁。伏尔泰还说："不要再说这个人毒死过他的老婆吧，他这人太快活、太有趣了，不会做出这种事。"

而博马舍总结他的生活时也同样地说：

> 还有你们，我的朋友们啊！你们都曾知道我，你们都曾不断地跟着我，请说罢，你们可曾看见过我有一时一刻不是经常欢乐的人，以同样的热情爱读书，爱娱乐；爱开玩笑但又谑而不虐；别人开我的玩笑，只要有韵味我也接受；自己认为意见正确时便热烈坚持，也许热烈得有些过火，但是所有我认为高我一等的人，我都公开地崇敬他们，毫不忌妒；对于自己的利益太放心了，以至于疏忽大

意；受到鞭刺便积极，风暴之后便疏懒而停滞；幸福时便无忧无虑，但是遇到不幸我能坚毅而宁静，直到我最亲密的朋友都感到惊奇；你们说罢，我这人除此而外，你们还发现过别的东西吗？

这是博马舍佳作的一页，与卜勒佛长老[17]辩诉书同一韵调，没有俗恶气味，没有摸错路数，是在他陶醉，是在他冲昏头脑之前，在费加罗的长篇台词之前写出的。他还继续不断地重述他这个爱交际和好欢笑的基本性格，这性格在过去一直保证他不会有任何严重的可供指摘的地方。啊！本来不会恨任何人的他，现在是多么恨他的敌人啊！他的敌人们竟把"他那么欢乐、那么癫狂、那么幸福的青年时代"就这样想尽方法来诬蔑得不成样子了！

谈到俗恶，在他的笔下是很少有这种气味的，只要作者的文路不离开他那种自然而然的欢笑之情。不过华波尔[18]提出的也很对；他的玩笑固然开得好，可惜自己太得意了，因而玩笑开得太滥。但是特别是当他走上动感情或求庄严的路数的时候，就常有些地方装腔作势，叫我们看出当时的通病，同时也是他自己的毛病。他有些形象不够令人惬意，暴露出意境的缺乏，更明白地说罢，暴露出庸俗："结束罢，我额头上汗珠直流，我气都喘不出了，等等，等等……"还有："我永远要重述，直到写秃我最后的一支笔头，我要写干我这个墨水瓶，等等，等等。"再加上那许多呼名诘责的语句，颇近狄德罗和卢梭；这种呼名诘责，在讼词体里是可以原谅的，不过他用得太多了。关于妇女，每逢他要谈到妇女的时候，就有一些殷勤献媚的小颂歌和类似小曲小调的东西专门叫那些俏人儿和那些多情的女读者读着开心；在戈思曼讼案中有这一类的长篇大论，将来在高尔曼讼案中还是有："我能忘恩负义到这步田地吗，在我青年时使我幸福的这个可爱的女性，我到老年就不肯伸手支援了吗？从来我没有听到一个女人啼哭而自己不感到伤心。"就是在 1773 年这个讼案里，他告发了一个妇女，使她痛苦，却仍然对一般的女性有这种不知从何而来、因何而来的歌颂："女性本是我时刻崇拜的对象，在这里，这可爱的女性就是我的楷模！……"他说女性是他的楷模，意思是说能忍受很多的痛苦而她们的本性还不因之而变坏。他描写居维内老年被贪婪的旁系亲属围攻的时候，他就拿这事作论据来攻击独身主义，并且给那班独身者来一个道德的、伦理的训词："你们，留恋享乐的人啊！自由的爱好者啊！无远虑的独身者啊！……"这一切，在当时并不损害那些辩诉书的效力；但是在今天，那正是辩诉书的薄弱环节，有些花腔花调，已经过时了。

而那些辩诉书的全貌和其中很多的部分今天依然是风趣可人的、笑容可掬的、生动活泼的，这也就够难能可贵了。最著名的片段之一是在第四号辩诉书的开端，我们的作者、我们的雄辩者在这里以一种大胆的寓言法假定与上帝、与当时所谓之"全面照顾的至善神"对话。这位至高无上的神有一天居然肯屈尊到他的面前，并且对他说：

我是万有之源；没有我，你根本就不会存在；我给了你一个健康的、强壮的身躯，在这身躯里放了一个最活跃的灵魂；你晓得，我在你的心里灌注了多少感觉力，在你的性格上灌注了多少快活劲；但是，我有你享尽了思想上、感觉上的幸福，如果没有一点苦恼来平衡一下这种优越情况，你也就过分幸运了：因此，你将要受无数灾祸的打击；你要被千千万万敌人来毁谤，失掉自由和财产，被指控为抢劫、伪造……

　　于是他就匍匐在万物之主的面前，接受着他的整个命运，回答说：

　　万物之主啊！我的一切都是由你而来的：存在的幸福，思想的幸福，感觉的幸福。我相信你给我们的祸福都是等量平衡的；我相信你的公道替我们把一切都明智地搭配好了，我相信苦与乐的错杂、恐惧与希望的错杂就是那一股清风，把船舶吹着动起来，使之循着它的航路愉快地前进。

　　我一定要把这个信手拈来而新鲜明丽的形象引出来，叫读者仿佛感觉到那股晨风，它不管怎样，穿过他的牢狱的铁窗，直吹到他的身上。这就是博马舍的真面目，不但比谤书所暴露的面目要真些，并且比在《费加罗》里所暴露的也还要真些，因为他在《费加罗》里有时扩大了自己，并且，我可以说，诬蔑了自己。费加罗化了装，而在这里，我们却看到自然本色、满面春风的博马舍。

再回到本题吧。作者继续必恭必敬地对至上神说着话：他要求，既然他一定要有许多敌人，他就要求神给他的敌人都经过他的选择，要求敌人都具有他所指定的缺点，具有他所指定的那些愚蠢的、卑劣的兽性；于是，用一种令人拍案惊奇的艺术、一支画龙点睛的妙笔把他的敌人和他的对手一一描写出来，给每人打上一个烙印而又谑而不虐，同时又描写得非常逼真，叫人看了不会认不出来："如果我的灾难的开端应该是一个贪婪的继承人在一个合法的权利上、在一个以双方公平与互敬为基础的契约上对我作突如其来的袭击，那么，我就求你给我一个吝啬的人、一个素不公正而为众所周知的人来作我的对手方……"于是他把拉·伯拉什伯爵写得这样活龙活现，叫任何人一见就晓得是谁；对戈思曼法官也是如此。对法官的老婆也是如此，对他们夫妇手下的党徒也是如此；但是，到这里，兴之所至，不能自已，他掌握不住了，在每一个次要的画像后面都自然而然地冒出名字来，而这个名字又是一个噱头：至善神啊！……给我马兰吧！……——给我白特郎吧！……——给我巴居拉尔吧！……他指名一直指到尼可雷首席庭长面前才停止，这位首席庭长是他最后的突如其来的一个对手，他在把他刻画出来之后，在把他列在戈思曼的那些可怜的党徒后面正要指名的时候，忽然停住了；对着一个被尊敬的名字，对着一个这样自甘下流的名字，用这种歇后法，又别具一种雄辩的力量，格外警策。所有这一大套意匠，这种惨淡经营的方式，这样阔大，这样高超，这样充满欢笑情趣和冷嘲热骂，真如银河倒泻，一气呵成，这一篇妙文构成最令人叫绝的雄辩文之一，在我们的演讲文学中真可谓得未曾有。它可以媲美人们在巴斯加尔最后几封"外省人的信札"中所常征引的那些最脍炙人口的片段。

舆论表示态度了，在几个月之内，博马舍不只夺回了社会上对他的尊敬，他还有无人不知无人不晓的盛名，享有群众的一致拥护，在那时代，群众的拥护是具有无上权力、能战胜一切的，而他所获得的拥护更是方兴未艾、渺无止极。他在这种新的处境中，高等法院的判决对于他几乎是无足重轻的了。各界公众以难以形容的好奇心等待着的那个判决是离奇可笑的，是一支宝剑两边砍的：根据 1774 年 2 月 26 日的判决书，戈思曼夫人要传到法庭"跪下来恭聆谴责"；博马舍也是如此；此外，还判令把他的辩诉书由刽子手拿着烧掉，因为它们是含有侮辱性的，有伤风教的，坏人名誉的。为了这一个漂亮的判决，高等法院开了全体大会，从早晨五点钟直开到晚上近九点钟。就是判决的当天晚上，博马舍还是照旧要到莫那哥王家里去参加晚宴，和社会上许多高级人物在一起，因为他曾预约在晚宴后朗读他的剧本《塞维尔的理发匠》；这个剧本的演出是推迟了，但是太子妃（玛丽·安端妮特[19]）却公开地予以保护。这位可爱的太子妃，是全国的一个活泼流动的影像，她可以说是替博马舍捎着大旗，因为她梳起了一个"啥玩艺儿"[20]式的发髻，而这种发髻是由博马舍辩诉书里的一个笑话而得名的。也就是判决的那天晚上，恭迪亲王特意到博马舍家里留了一个条子，邀他第二天到王府去，他在条子上说："我要你明天来；我们的门第够给全法兰西一个榜样，叫全国的人都知道应该怎样接待像你这样一个伟大的公民。"于是，整个宫廷都循着亲王的例，到这位受刑者的家里来题名访候。就这样，在开始反击时他还只是一个——如伏尔泰所称——"了不起的小冒失鬼"，现在已经忽然跃居到"伟大的公民"的地位了。不管在什么地方，博马舍一出现，就有许多人围着他，疯狂地替他喝采。警察总监萨丁（Sartine）先生劝告他不要和公众见面："被谴责还不够，"他对他说，"还要懂得谦虚啊。"那时代的人情感浮躁，动辄风靡一时、动辄全民奋激，其实况就是如此。他这种处境虽然是辉煌的，但还是不够稳定的，并且不论如何还是充满着危险的，所以不久以后，为着补救这种处境，博马舍西渡到英国去了，负着国王交给他的一个秘密使命，关于厄翁（Éon）骑士的，目的要从这骑士手里弄回某些政府文件。在这时候，莫布法院垮台了；巴黎把《塞维尔的理发匠》演出了；博马舍的判决大张旗鼓地被撤销了，于是他抓住一切的机会，借着一切的由头来出风头、发大财，承揽时髦案件，变成美国起义者的饷糈和器械的供给人，他乘着长风，拉起满篷，驶近这股有增无已的顺水潮流，一往无前，直到《费加罗结婚》演出之后。

II [21]

　　我觉得博马舍从受到高等法院的谴责并在舆论面前获得胜利的时候起，就进入了一种轻微的陶醉与兴奋过度的状态，并且从此不再从这种状态里走出来，而这种状态却又能永远不妨碍他对具体问题表现出大量的智巧和高度的清醒。他在这时期（1774—1775）写的信札使我们看出他自己也对自己的命运感到惊奇，他转过来转过去，又侧面看看自己，觉得他的命运真是再离奇不过、再古怪不过了，他周游列国，跑英吉利，跑德意志，六个星期跑七百八十法里[22]，八个月跑一千八百法里，并且以此自豪，他留心不要在出国时期被人忘记了，所以不时地以历险逢奇的故事把自己摆到场面上来，而那许多所谓奇、险也者，也只有他一人能够碰到。当他1774年夏天负着路易十六世一个机密使命在德国旅行的时候，在纽伦堡附近遇到一次强盗，于是他就给巴黎的朋友们写上整沓的逗人发笑的报告书。他对黑树林的那伙强人差一点没有和他对付克拉维哥、对付戈思曼一样，拿他们开个大玩笑。这里是那场面的一个镜头：他一人暂时离开了驮车，走进了一个相当稀疏的杉树林，迎面来了一个人，拿着一把大刀，以德语问他要钱还是要命。博马舍从裤袋里不掏钱，却掏出了一把手枪，另一只手拿着手杖，准备招架。只要是面前只有一个强人，他自觉是占上风的。"在纳斯塔树林那幕悲剧持续的整个时间里，"他在给他的朋友顾丹（Gudin）的信里说，"我仔细地研究了我自己。在第一个强盗到来的时候，我感到心跳得厉害，我一溜到第一棵杉树的后面，看到我那强盗的面色有些尴尬，就不由得心里一阵高兴，甚至于一阵快乐。我再绕过第二棵杉树，看到我差不多回到我的路上的时候，我可就真不客气了：如果我有第三只手，我一定会把我的钱袋拿给他看看，只要他真敢来拿，就作为他的胆量的奖品。我一看第二个强盗跑来，心头上突然一瓢冷水把我的全部力量都集中起来了……"他继续着一面分析自己，一面嬉笑，尽管他已经受了伤；他并且证明如何在这世界上"有些苦头比横遭暗杀还要难受"。凡此种种就不让巴黎群众松一口气，防止他们入睡，把个博马舍忘掉了，就这样一直到《塞维尔的理发匠》初次演出的时候。

这个妩媚可人的《理发匠》本来早就写成，早就预告了：1772 年它就被法兰西喜剧院接受下来，准备自 1773 年狂欢节的最后一天起就开始演出，作为狂欢节的一个应时笑剧，而这时候却发生了博马舍与韶纳公爵的那场剧烈纠纷，后者要把他的对头人一刀戳死。快乐的《理发匠》忍过这个不利时机：等明年狂欢节再演吧。1774年2月，又准备演出了：日子定了，太子妃要来看初演，六天的池座票都预售出去了。最后又来个禁令，因为博马舍在高等法院还有悬案。《理发匠》只好再忍受下来。作者不演这个喜剧，却另来一个喜剧：星期六（2月12日）《理发匠》不能如期演出，第二天星期日，作者当晚就在歌剧院大舞会里出售那本大名鼎鼎的第四号辩诉书，在政府还没有来得及干涉和制止之前就卖出了六千本以上。然而从一个狂欢节到另一个狂欢节、一再延期之后，《理发匠》的好日子终于到来了；1775年2月23日它被演出了；但是，居然又另外来一个钉子。观众听信社交场中的传言，满拟着看这出戏会大笑特笑、极尽癫狂的，所以一开始就感觉得欢笑不够。剧本原是五幕，显得太长了；应该直说吗？它第一天就叫人厌烦。为着要它成功，作者不能不把它改成四幕，不能不如俗语所说折而为四[23]，或者更简单点，如他自己所说，把他的车上去掉第五个轮子[24]。这样一来，《理发匠》，如今天流传的本子那样，就站起来了，并且以轻松愉快的方式开始生活着，永远不再死亡了。后来，博马舍把这剧本付印的时候，为着快意一下，在标题上大书道："塞维尔的理发匠，四幕喜剧，演出并失败于法兰西喜剧院，等等。"他专会耍这种俏皮劲，而这种俏皮劲是能增加刺激性，并能鞭策成功的。

今天已经不是一个批评家能希望在《塞维尔的理发匠》里发现一点什么新东西的时候了。作者在这最初一次把费加罗抬出来的时候，还没有想到把他造成一个好思索、好自言自语的人物，造成那种具有讽刺性、政治性和哲学性的鼓唇弄舌的人物，如同后来在他手里变成的那样："我随着我的快乐的性情，"他说，"试图在《塞维尔的理发匠》里把那种古代的、自然迸发的欢笑情趣再搬到舞台上来，结合上我们现代笑谑的那种轻灵的语调；但是，因为这一点就仿佛是一种新奇，我这剧本居然轰动一时了。好像我把全国都抄动了……"博马舍在这里把定义下得很好，《塞维尔的理发匠》的新奇之处正是这样。他本身就是个快乐人，出于自然，并且无往而不如此；他竟敢在《理发匠》里也表现出快乐：这在 18 世纪是一个特色。"就给我们写些这一类的剧本吧，既然现在只有你一人还敢向人欢笑。"有人这样对他说。高来是够高卢[25]种的，却没有博马舍的快活劲头的那种充沛、那种自然迸发，而且他有些过分欢喜带荤臊味。博马舍快活得爽气些；同时，他有现代式的戏谑，有自伏尔泰以来人们在构思方面所喜闻乐见的那种语致、那种犀利的词锋；他有警策语，不断地神思熠熠。他把这各种不同的优点组织起来，体现在一些生动的人物里，特别是在一个人物里，他使这个人物活动起来，赋予以一个强有力的生命，一个妙计无穷的锦囊。人们可以说他给予了智慧以一个新的形式。

《理发匠》的基本内容是很简单的，并且可能像是近乎陈旧了：一个还在监护中的女孩子，天真而又伶俐，一个老监护人钟情于她，防范极严；一个漂亮而又高贵的情郎在外面，带着一个狡猾的仆从，诡计多端，把他的主人弄到闺房里去了，在戏剧里还有比这更平常的事吗？但是这一连串普通的事是多么被点石成金地活了起来，恢复了青春啊！当那青年伯爵和费加罗在长廊下面遇到一起碰了头的时候，是多么一个无比活泼、无比引人入胜的开场啊！一听到这第一场对话，就有人告诉你说，里面的才调太多了。才调太多的毛病不是任何人都能犯的呀。博马舍曾在某处谈到一位先生富有才情但有点过于吝惜用才：他自己呢，绝不是这位先生。他时时刻刻有他的全部才情；他消耗它，他浪费它，甚至于有些时候他硬造出才情来，于是乎他就堕入俳优语、双关语的魔道了；但是大部分时间他只要顺着才情的涌出听其自然就成。他的谐谑有一种兴致、一种冲劲，是这种体裁里面的抒情成分，是诗。

在第二幕罗芯和医生的那些场面里，一个最天真的女孩，被人抓住事实，居然也能骗过那个老醋罐子；在第三幕巴陀罗那一场里，别人在配合着音乐对唱，他在刮胡子；还有巴吉尔发呆的那个绝妙场面，他出其不意地突然跑来而大家都一致赶他走，说他发寒热，终于使这个平庸的伪善者走开了，嘴里还叽里咕噜地问："他们都在这里骗什么鬼人啊？"在这种狡诈与癫狂的绝妙穿插中，一切都是为着使人开心、使人入迷的。要说那些都不很像真有其事，我请问，真不真又有什么关系呢？从什么时候起，戏台上的真情笑乐不能把不像真情的情节带过去呢？整个的《理发匠》都是欢愉的，境界是欢愉的，映衬是欢愉的，姿态是欢愉的，题旨和台上做作是欢愉的，后来用音乐代替语言同样表达得尽善尽美的那一切的一切都是欢愉的。博马舍在这上面所用的词语，如珠走玉盘，是活泼的，轻灵的，灿烂的，放恣酣纵而笑声琅琅的。等着吧！不久，以这样狂欢情趣写成的乐语又配上一个相得益彰的音乐，也是快速的，灿烂的，轻灵的，温柔、细腻而又嘲谑的，无孔不入地沁人心脾，它的名字就是罗昔尼[26]。

　　《理发匠》最先本是预备配乐的。博马舍想把它做成一本笑情歌剧；有人甚至于说他曾以这种歌剧形式把《理发匠》送到当时的意大利科班剧院里。幸而他后来改变宗旨了。原因是他要在戏剧上做主，而那个音乐家也要在戏剧上做主；没有办法使两人协调起来。博马舍对于剧乐有些错误的观念：他认为"配乐人必须确实感觉到在戏剧里只应该为说话而歌唱"，否则就不能开始正式配乐。他在这里以散文的角度看问题，是错了，而这一错却错得好。亏了他改写了他的剧本，如现在我们所看到的这样，等到后来另一个天才出来又把这个剧本拿去当作制乐的底本，造成他自己的歌剧。

　　博马舍的戏剧作品只由两个剧本构成：《理发匠》和《费加罗结婚》；其余的都远在他的水平以下，甚至于为他的光荣计，完全不谈才好。我就要来谈谈《费加罗结婚》了；但是，我们得首先说明一句，博马舍能这样风靡一时，能这样成功，用不着那么多的调查研究就能了解。当时的人们看那些熟悉的、十分熟悉的剧本已经看够了，长久不曾有真正喜剧性的新作出来。现在居然来了一个新作：里面迸发出一种挥斥自如的才调，它感动，它刺激，它逗人欢笑；现代人的智慧在这里面采取了一个新的形式，极峭刻，极狂荡而又极调皮，极切合时宜。大家一致鼓掌；博马舍再来一个，大家还是一致鼓掌。

再来一个，他就过火了，他就推论了，他就有了系统了；他彻头彻尾地造出一个反面世界，一个由他的费加罗整顿着、摆布着、领导着的世界。但不论如何，里面却有大量的思想、大量的胆气、大量的嬉笑和怒骂，都表现得十分慓悍，足够风行五十年，并且还不止。他创造了一些人物，都曾有其自然的和社会的生命："但是谁晓得这一切能管得多久呢？"他在《理发匠》序文里风趣地说，"我可不愿意保证五六百年后还会有人来提他一提；我们法国人太无恒性、太轻浮了！"

"谁说作家就是说敢作家"（Quit dit *auteur* dit *oseur*），这是博马舍的一句格言，没有人能比他更好地证明这一个定义了。他把当时的好尚掺杂到古老的高卢才调里，一点拉伯雷和一点伏尔泰，再加上一层西班牙的轻纱和安达鲁西[27]的几条太阳光线，就这样把自己变成了他那时代最能使人欢乐、最具有轰动力的巴黎人，变成了百科全书时代的吉尔·布拉斯，在大革命时代的前夕；他把种种古老的经验之谈和古老的讽刺语都复活起来，重新赋予青春，使之再流传众口。有许多谚语几乎要磨灭了，他拿了来重加鼓铸，使之焕然一新。在才调这一项上，他是个伟大的回春的妙手，这是当时那个古老社会所衷心感激的一个最可喜爱的好事，因为那个古老社会最怕的是寂寞，它甚至于宁愿冒点风险，不顾后患地来寻欢作乐。

博马舍在文学家中想出了最多的现代法门，有好的，有坏的，但无疑地都很巧妙，都很新颖。在宣传和叫座方面，他比谁都高明，他改进了戏报艺术，广告艺术，序文艺术，还有在社团中宣读艺术，这种宣读迫令政府松手，使它或迟或早要准许公演；还有为演出作准备的预演艺术，这种预演已经是半公开的，并且布置了叫好的人；还有维持并刺激社会公众注意的艺术，就是在极大的成功中也照样使用，其办法是造出些小的、突如其来的障碍或者用大吹大擂的慈善行为，及时地打破单调，掀动波澜。但是，暂且不要急着说发动《费加罗》的弹簧和索线吧，我们只在这里提醒一件事：《理发匠》的成功引起了剧作家和演员的关系上一个重大的改革。直到那时为止，剧作家拿演员们无可奈何，他们在演出若干场之后，当收入降到某一数字以下（这总归是很容易的）的时候，就以为有权把剧本充公了，从此就由他们来朋分得利。《理发匠》演了三十二场之后，博马舍（他是不相信"文才与事务才是不相容的"）就想到找演员们算账。演员们闪避着这个问题，想反对人家查他们的账。博马舍却坚持着；他要求的不是一笔现款（这是人家很愿意给他的），而是一本正确而清楚的账目，一个被对方很客气地拒绝了的合法数字。他这个要求还不是为着自己，他自己是用不着的，而是为着他那些一直被压迫、被剥削的同行作家。事情闹了好些年：博马舍追到各级审判机关，从调解庭直追到立法院。结果，他第一个做到了把剧作品方面的所有权确定下来，使它被人承认、受人尊重。我们今天组织起来的剧作家协会每开一次会都应该对博马舍的半身像致个敬礼才对。

在这场文人不同意再继续受骗的斗争之后，一定是为着要安慰那些败诉的演员，为着也叫他们得点荣誉的报酬，所以博马舍又第一个想到在那种对他仿佛是作战与凯旋的演出的次日，就写他的演出报告，并且于剧本付印时，在详细说明每一个角色的年貌特征之后就给那饰角的演员一份赞语。我们现在在《费加罗结婚》的卷首还可以看到他这种做法。

这篇脍炙人口的《结婚》早就写成了，却不能问世。那是恭迪亲王在《塞维尔的理发匠》之后给了作者一个挑战，要他这样再拿他的费加罗写一篇戏剧，把他在更发展的、更纠结得紧的、更扩大的环境中再一次表现出来。博马舍接受了挑战，《结婚》一剧自 1775 年或 1776 年起就已经写出来了，或者写成初稿了，也就是说，那正是在我认为博马舍的才华、他的天才全部焕发的时期，过此以后我们就会看到他微微降低并且又摸错路数了。他在那里有唯一的五六年时光，在斗争与窘迫的鞭策下，在幸运之风初吹到他的时候，他达到了自我的完全发扬，感到了似乎是一种神授的才力，过此以后就永远不能再达到这样的高度了。有人曾说，为着使《费加罗结婚》能够演出，比写这个剧本还需要更多的智慧。博马舍为此花了多少年的工夫。和他作对的有国王，有法官，有警察总监，有掌玺大臣，有一切不可忽视的权力者。他以他所独有的那种信心和那种大胆，直到朝廷上达官贵人那里找帮助、找支援，也就是说直到他所嘲笑得最厉害的人们面前找帮助和支援：

> 费加罗
>
> ……我生来就是为着做官的。
>
> 徐姗
>
> 有人说这一行太难了！
>
> 费加罗
>
> 伸手接，伸手拿，伸手要，这就是做官的三字诀。

　　由此可见，他的矛头是直接对着达官贵人的。没有人比符德尔先生更直接地挨到矛头了；但是他却带着骄傲和自负的心情挨着矛头，并且自诩能无介于怀。如果再反过来保护《费加罗》，又该是多么漂亮的一个做法，证明着自己能特立独行、超凡脱俗啊！"只有渺小的人物才忌怕渺小的作品"，费加罗说，他居然也就使达官贵人们都相信了这句话了。那时法国社会是在一个特殊的心理状态中：大家都争着嘲笑自己和自己的阶级，都争着慷自身之慨而促其垮台。这仿佛是一切有身份的人唯一的漂亮做法。博马舍根据符德尔先生和包立妮雅克夫人那个集团的表示，根据王后和阿尔陀瓦伯爵（Comte d'Artois）的态度，根据妇女和朝臣们被激起的好奇心，看准了他会克服路易十六世的抗拒的；他觉得这只是时间问题。人们差不多天天看到他连续不断地耍手腕，在这种厚着脸皮的活动中仿佛是作战一样，时而挺进，时而迂回："国王不愿意准许我的剧本上演，因此就非上演不可。"1783年6月12日，他几乎以奇袭取胜。由于阿尔陀瓦伯爵的保护使国王似乎在装马虎，又根据一句很含糊的话，大胆地加以曲解，他居然把他的剧本搞到宴乐院来预演，也就是说就在国王的御用剧场上来预演。前此已经有过多次半公开的预演了：这次要跨进一步，大演一下。票已经发出了，票上印着"费加罗的戏装雕像"。车辆鱼贯而来；阿尔陀瓦伯爵已经动身由凡尔赛到巴黎了，而这时候维尔节公爵（Due de Villequier）却叫人通知演员，说他们必须取消这个剧本的演出，否则会"遭到国王陛下的忿怒"。

一听到国王的这个命令，博马舍看见希望落空，就气极了，当着大家面前就不顾面皮地叫道："好哇！先生们，他不要人家在这里演出，我偏发誓，这剧本非演出不可，并且必要时就在圣母堂的合唱台上去演出。"

这一场戏不过是延期而已。作者的靠山之一，符德尔先生获得了允许，把那剧本拿到他家里，在任维列区（Gennevilliers），由法兰西喜剧院的演员彩排，约了三百人来看。王后因为不舒服，没有到场；但是阿尔陀瓦伯爵、包立妮雅克公爵夫人都来了。旧政权的全部精华人物都跑来为这出搞垮他们、丑化他们的戏剧捧场喝彩。博马舍也在场，完全陶醉了："他到处跑着，"一个目击者[28]说，"和疯狂的人一样；听到人家叫热，他就不等别人开窗子，用手杖把所有的花玻璃都打碎了，

241

所以戏演完之后人家说他双倍地打碎了玻璃窗[29]。"

仗着这一切的赞许和这种近乎伙同犯罪的合谋，又抓住白勒陶（Breteuil）先生的一句含糊话作为批准，博马舍的手段耍得太好了，居然说服了演员们要在1784年2月的最后几天演出他的戏；试排已经搞过了，逼得警察总监［勒·诺阿尔（Le Noir）先生］不得不把作者和演员传来，重申国王的命令。博马舍被击退了，但绝不认输。

最后，在1784年4月27日，霹雳一声：禁令撤销，这出戏能在巴黎上演了。这次初演，可谓极庄严灿烂之能事：

"无疑地，"《秘札》[30]记载着说，"今天对于酷好眩世骇俗的博马舍先生，可算是踌躇满志了，他拖在背后的不但是普通的戏迷和好奇者，而且是整个宫廷的显贵，是王族的血亲，是王室的亲王；他一小时就收到四十封信，由各式各样的人写来的，要求作者的专票，自愿做他的鼓掌手；他看到布崩公爵夫人明知买票时间到下午四点才开始，却从早晨十一点钟起就派些仆役在票窗口等着买票；他看到许多勋爵杂在人丛里，你推我我推你地，和萨伏佬一块挤着，为着买票；他看到许多命妇忘了任何体统、任何体面，从早晨就守在女演员室里，在那里吃午饭，请她们庇护，希望能首先进场；他还看到警卫队都被群众驱散了，门也冲破了，连铁栅栏都挡不住，被涌进的人挤得稀烂。"

"这一天，"格林说，"不止一个公爵夫人能在廊座里，在平时有身份的妇女不大坐的廊座里，找到一个破圆凳，在张大娘、李大嫂之流旁边，就自觉太幸运了。"

"足足有三百人，"拉·哈卜说，"在法兰西喜剧院的演员室里吃了午饭，以便更有把握得到位置，并且，票房一开，人挤得那么厉害，竟有三个人晕倒了。这比看斯居德里的戏还多晕倒一个人……这次初演秩序十分紊乱，这是人们所能想象到的，并且，非常非常之长，到十点钟才散戏，虽然没有插演短剧；因为博马舍的剧本把整个的演剧时间占满了，这又构成了一个新奇之点。"

这个漫长的时间是四个半小时或四个小时，因为戏是五点半开始的。

这出戏，以如彼的压制而难产，又以如此的姿态出了笼，一演就演到一百场以上，成为当时的政治性和道德性的大事之一。在这里已经不像在《理发匠》里，只有一个欢情的、讽刺的、给人开心的复杂故事了；在《结婚》里有一种武装叛乱，有自从被禁以来公众所猜测到和想象到的一切，有作者本身这一次想到真正摆进去的一切。拿破仑说《费加罗》"是已经行动起来的革命"。当时头脑清醒而赋性温和的人们的想法也莫不皆然。徐阿尔判断的就与拿破仑相同，而拉·哈卜也写道："我们很容易想象到公众的那种快意和喜悦，他们拿政府来开心，高兴极了，而政府本身也就同意人家在舞台上揶揄它。"然而，一碰到举国若狂的情况，一达到世人皆醉的程度，几个清醒的人的先见之明和保留态度又有什么作用呢？几个疏疏落落的"拉·哈卜"，几个冰冷而又微弱的"徐阿尔"又何能为力呢？就是再多些，和他们稀少的数字成个反比例，他们对于像博马舍那样有力量、有劲头的一个擂台手又有什么办法呢？有些时候仿佛整个社会都和费加罗一样回答医生的意见说："天晓得，先生，人们既只有愚蠢和癫狂可供选择，我搞不到好处的地方，就至少要图一点快活；欢乐万岁！谁晓得世界可还能支持到三星期？"

《费加罗》初演时期的这种法国群众及其热情的浮动与混乱，两个事实就够把它活画出来：我国海军英雄徐佛朗（Suffren）入场的时候，大家热烈鼓掌；一忽儿，那位妩媚的女伶杜迦荪，以众所周知的故事卧病初起，出现在她的专厢前面的时候，大家同样地也为她鼓掌。

事过境迁，历次革命完成了它们的历程，并且负责做成全部的结论了，那些瞬息即逝的事，当时感觉不到会有什么影响，现在却有了一种近乎预言式的意义，我们今天可以说：那个旧社会不应该死得那么惨，如果它那天晚上——并且连续一百次之多——没有热烈参加那场快活的、癫狂的、不顾体统而气焰嚣张的对自身的嘲骂，如果它没有那么富丽堂皇地参加着开自己的玩笑的话[31]。

今天，在那一切狂欢的劲头和那全部讽刺的锋芒都消耗尽了之后，我们再读《费加罗结婚》的剧本或再看《费加罗结婚》的演出，印象仿佛是这样：头两幕都无比地妩媚、活泼、引人入胜。那位伯爵夫人，徐姗，那个侍童，那个朝意明鲜、春心初动的爱煞人的施露班，都还一点没有消磨掉，都还仿佛是新出于硎。费加罗呢，像他在这里一出场就透露出来的那样，像他随着剧情进展直到第五幕那场著名的独白所逐步显现出来的那样，他或许是消失得最多的人物。他很有才情，但是他有意逞才；他装模作样，顾盼自雄，照影自怜，他讨人厌。有一个才识俱全的人[32]，我很欢喜跟他谈论这种有关人生体验的世事和人物的，他曾使我注意到在费加罗的警策语和敏捷的对答里都有些自矜自负之气，并且落了行套。他已经不再是那个极简单而自然的吉尔·布拉斯了，不再那么听其自然地随着事物的推移和命途的遭际而后再总结出没有苦味的经验来了。《结婚》里的费加罗有些强颜欢笑；他变成了要人，并且自己也感觉到；他统治着，他指导着整个的一个世界，并且他引以自豪。当他在最后一幕停在栎树下面的时候，他不去简简单单地想着怎样避免落入斯加那来尔[33]的窠臼，反而转身向着观众来叙述生平、调侃着社会、讽刺着一切，这时候，他显得自作聪明，开党团活动家的先河了；后来有些人在王宫公园里抢先跳上一只椅子，不拘什么事都照样来一篇露天演说，他离这种人不远了。和这些连在一起的还有：唯利是图，公然贪得无厌，寡廉鲜耻地伸着手，抱着拜金主义，并且居然说出口来，甚至于在里面还加上一种没脸皮哲学，其所讨人嫌者在此。我知道在第三个剧本里，在《有罪过的母亲》里，他改过自新了，作者试图把他写得高贵起来；但是，丢开这最后的有德行而变了质的费加罗不谈罢，他已经不像他自己了。《结婚》以后，博马舍笔下就没有真正的费加罗了。

相反的，其他人物都以轻巧的笔触、很自然的色度，讨人欢喜，引人入胜；那个徐姗，"妩媚可人的女孩子，老是笑呵呵似的，青勃勃的，充满着欢肠和慧心、爱情和乐趣"。很不老实，至少很不倾向着要老实下去，但是还只在出于女性本能的天真烂漫的风骚程度；同样的，比她高一级，那位伯爵夫人，已经不由自主那样巧手应付了，那样精于做交际场中的妇女了，不过还不曾有亏妇职，有损品德。阿马维伐伯爵在那种任何人都会失掉身份、降低品格的环境当中，还知道保持他那种大气派、他那种高贵风格以及费加罗所用不到也达不到的一种高尚气质的底子；他老是被愚弄，却永远不发脾气，或者至少是永不记仇、永无害人之心；他是最能以适当态度接受嘲笑的人；他能报之以冲和，报之以使人感到有渊源、有修养的情绪。总之一句话，他的出身好，虽然有些缺点，人家还是忘记不了他；如果博马舍能想到借他的口来给他的费加罗下个批评，他会有很好的成功的。伯爵在和费加罗谈话中并不老是他错。在"知道装着不知道、不知道装着知道，等等"那一大套关于政治的著名的高谈阔论之后，伯爵回答费加罗说"呃！你下的这个定义是阴谋诡计"，不是政治呀，直截了当的他是对了。如果我们拿这两个人物作为对立的、交起手来的两个社会的典型，我们就值得好好考虑一下，（如果我们是笃实人的话）是不是归根结底还是生活在阿马维伐之流所统治的社会里比生活在费加罗之流所治理的社会里要好些。

费加罗仿佛是个教师，有系统地教了，我不说教了布尔乔亚，但是教了各阶级的暴发户和怀有奢望的人们去飞扬跋扈、寡廉鲜耻。

施露班，单是他，就是博马舍的一个美妙而迷人的创造了；他在这个创造里体现了一个年龄，体现了每个人生命的一个初期，具有着全部的那种鲜妍，那种瞬息即逝、无可补偿的春心初动。作者从来没有比这一天更是诗人。如果我们仍然要鉴识一下博马舍才华的特质和它在诗与意境方面的限度，最好是在读过伯爵夫人与施露班的那几场之后，再读读拜伦的《唐璜》第一章，在这章里，年轻的唐璜正在施露班的情况中，破题儿第一遭地和他母亲的女友董·阿尔风索之妻勾搭，和董妮·徐丽娅勾搭。我们在这里就可以看出一个自然而活泼的铅笔初稿怎样有别于一幅狂烈的、热火朝天的画图。

我从来不能领略《费加罗结婚》的后几幕，而第五幕对于我几乎是不可解。我认为，马丝琳一被认出是她要嫁的那个人的母亲，从这时起剧本就搞坏了。马丝琳给这篇喜剧掺进了一种不切本题的杂剧的和情感的因素：这个马丝琳和那个巴陀罗，一父一母，把我在开始时得到的那些新鲜的快感都玷污了。一直到底都有许多美妙的细节；但是全剧则以十分错乱、一团混沌告终。所谓最终的道德教训只是一种笑话罢了。像这样一个剧本，其中把整个的社会都以乔装和便装表现出来，和在五总裁政府[34]时代的一个狂欢舞队里一样；其中一切都受到攻击，都被抄得乱七八糟，婚姻问题，母性问题，官吏问题，贵族问题，国家的一切问题；其中彻头彻尾由一个差役头子当家做主，并且以放纵恣肆来补政治的不足；像这样一个剧本变成革命的一个明显的信号了。我并不保证博马舍自己曾感觉到他这个剧本的全部影响；我已经说过，他是被时代潮流拖曳着的，虽然他碰上机会起了推波助浪的作用，却永远不曾控制这个潮流。在《费加罗》正时髦的那整个时期里，人们看到博马舍作为一个干练的、懂得本行生意经的作家，一直为他的剧本忙着，只想着利用一切可能去耸人听闻、为欢作乐。自第四次演出起，人们就看到从第三排包厢里雪片也似的飞下了几百张印刷品，里面是对剧本的一首讽刺歌，有几个人低声议论，说是出于一个大人物、一个亲王（未来的路易十八世）之手，实际上这位好讥刺的古典派才子可能是有些干系的。但是，据有人肯定地说，印刷和散发是博马舍暗中叫人搞的。这是他出名会玩的鬼把戏之一：抓住一个以他为对象的诬蔑、一个恶意攻击，把它传播开来，以便能更好地回答，以便从中占便宜，把那些动公愤的傻瓜们拉成朋友。几天之后，又是他的一封信，一传十、十传百地，据说是写给一位公爵兼参院议员的，这公爵似乎曾向他要一个有铁丝网蒙蔽的小包厢以便几位宫廷贵妇可以看到戏而自己不被人家看见。

我丝毫不能尊敬，公爵先生（博马舍在纷纷传诵的那封信里说），那些认为某戏不正派而又偏要看，既要看而又躲躲藏藏的太太们；我不能顺从这样的怪脾气。我把我的戏剧供诸大众，是为着叫他们开心的，不是为着教育他们的，不是让那些律己不严而又装腔作态的太太们好拿它来在小包厢里说好又在社会上说坏的，不是要献给她们这种痛快的。喜恶而崇善，这就是现时代假惺惺的歪风。我的戏剧绝不是一个含糊其辞的作品，必须承认它或者避开它。

　　我给您敬礼了，公爵先生，但是我留着我的小包厢。

　　但是，不久，一追究来源，人们就发现这封信不是写给一位什么公爵兼参院议员的，并且博马舍自己也承认了，这一来，信里的泼辣劲和傲慢气就大为减低了；这封信仅只是写给作者的朋友居巴迪（Dupaty）庭长的，动笔时"正在微觉不高兴的火气头上"。不过，当时效果是产生了，这封信在上流社会里有好几天都是宣传《费加罗》的新广告，而这个《费加罗》实际上是极需要这样宣传的。

　　据说，在《费加罗》的三十一场演出之后，全部收入达到十五万镑。快到第五十次的时候，博马舍觉得要想个新鲜法子来张起满帆绕过这个海角。当时慈善事业是很时髦的，他就想到，一部分也是诚意地想到，来利用它一下。因此，第五十次演出公开宣布是要以全部收入津贴"怀抱婴儿的穷母亲"的；他为了这事作了几段新歌在最后插演的短剧里演唱着。登时又引起一首箴铭体的小诗，到处流行着，结尾是这两句歪诗：

他施牛奶给儿童，

他送毒药给母亲。

　　最足以代表那时代特性的就是这种司徒纳[35]章回小说式的故事，这种饶弗兰[36]式的感动人心的慈善行为，这种故事，这种行为，仿佛成为《费加罗结婚》的插曲，伴随着它的胜利。有个戏迷想起来要在《巴黎日报》上掀起一场笔墨官司，他提出一个问题：在《塞维尔的理发匠》里，费加罗有个小女儿，罗芯还提到的，怎么在第二出戏里，这个婚前出生的"小费加罗"竟连影儿也没有了！由于这个戏迷的惊讶和质问，博马舍嬉皮笑脸地回答说，那小家伙不是别人，只是一个可怜的养女，费加罗在塞维尔时本着人道主义收留照顾着；后来她到了法国，在巴黎嫁了一个贫寒的老实孩子，这孩子在圣尼古拉码头上做苦工，名字叫勒克吕兹（L'Écluze），不幸这勒克吕兹最近被船上的起卸机压得惨死了，所有他的工友都在场：

　　"他丢下了，"他接着说，"他那可怜的妻，年纪才二十五岁，带着一个孩子才十三个月，还有一个婴儿，出世才八天，她自己奶着，虽然她病得很厉害而家里又一点东西也没有。丈夫的工友们被她这种不幸的遭遇感动了，大家凑了几个钱使她生活了一个时期。今天早晨他们请他们的监工人代笔写了一封信向我呼吁。我很乐意地站到他们一起，并且我深信，先生，你也会和我一样。我曾赠给她一个金路易，由圣尼古拉码头监工人梅籁先生转交，另外又附两个金路易在这封信里，等等，等等。"

这一切都是写给《巴黎日报》总编辑的。这是根据一个小荒唐故事诌出来的又现实又富于道德意义的整个一大套。立刻,金路易就和雨点一般落下来,为着如此具体写出的这个"怀抱婴儿的穷母亲"。那个贫穷的女人受惠了,而博马舍也一举数得:他又做了好事,又开了个恶作剧的玩笑,此外又做了一个奇巧的广告,方式极端新颖,为着当时正在作第七十一次公演的《费加罗结婚》。

然而,这件事还有了一个离奇的下文,出乎意料地严重。《巴黎日报》上又出现一封信,带着寒风刺骨的讥讽,据称是一个教士写的,他认为这样施钱给一个贫穷妇女,替她胡诌出一个莫须有的身份,给她一个戏中人的名字,不论如何这名字是不够光荣的,可能对她的孩子都会有所妨害,这种慈善方式是不道德的:"使一个人名这样喧腾众口,先生,"那写信的人说,"只造成你的光荣,而对于你所帮忙的老实人们却可能造成不幸。你不把这可怜的勒克吕兹寡妇说成那个'小费加罗'就不能减轻她的困窘吗?……你怎么没有预先感觉到:这个名字原是滥用在一个最卑鄙、最可笑的人身上的,又这样轻率地加到一个善良的妇女头上,对于她不是变成一个侮辱吗?在民间,这种绰号的影响是有意想不到的重要性的;绰号差不多永远不会消失。大部分的姓氏在开始时都只是些绰号。"

博马舍对这个公开给他的、微带学究气的教训,以他所善用的方式回答着,并且以一种严肃的、气冲冲的语调,也许是本题所用不着的。他以为在这场笔战里只是和徐阿尔先生打交道，他是《巴黎日报》总编辑同时又是他的老对头。他一步走错了。藏在这教士讽刺后面的是一个更怕痒的人，是太子，普罗旺斯伯爵（始终是那未来的路易十八世）。他被回信的语调招恼了，就亲自——或者有人替他——在路易十六世面前申诉，而路易十六世老听到人们不断地哄传博马舍，一直是感到讨厌的，同时又不齿其为人。因此就决定把博马舍立刻逮捕起来，关到，不是关到巴士底狱[37]（这对于他未免太高贵了），而是关进一个反省院，关进圣拉萨尔牢，这个牢当时还不是关暗娼的而是关风流教士、世家浪子以及类似的宝货的。路易十六世作这一个决定时正在打扑克：他是在一张牌上，一张黑桃七上，用铅笔，用记"白脱"[38]的铅笔，写下逮捕博马舍并把他关进圣拉萨尔牢的这个不可思议的命令的（1785年3月7日）。

这消息一传到社会上是怎样轰动一时、引起何等的惊愕，大家是不难想象的。在人家来架走他的时候，他正在家里举行晚宴，在座的有纳索亲王（Prince de Nassau），有财政总监的胞兄迦劳恩长老（Abbé de Calonne），还有别的显要人物，他只被逮捕拘留了六天，后来就释放了。一边是成百辆的专车来到他家里庆贺他，另一边有人写了许多攻击他的歌曲，贴出许多漫画，漫画里画着他在受一个拉萨尔会教士的鞭挞，姿态令人发噱。他深深感到这一个耻辱，在他正叱咤风云的时候突如其来；他在家里隐遁了一个时期，好事者和捧场者写来的信、提的问题，他都很少回答。然而，在给来函人之一的一封回信里（1785年6月），我们可以读到：

> 你问我是不是真的国王在我现在的窘迫中给了我有力的支援；我没有理由隐瞒他的公正之处，同样地我也没有理由隐瞒他那突然一怒使我落入的那种深沉的痛苦。国王被蒙蔽了，以莫须有的罪名惩罚了我；但是我的敌人们尽管能激起他的恼怒，却不能损及他的公正。
>
> 是的，先生，那是真的，国王陛下在我获谴之后曾惠然给我签署了一道命令，支付给我二百一十五万镑现款，这本是历年陈欠，我曾向国王请求偿付的，同时也就是在有人加我以大不敬的罪名的时候。

我不知道我曾否使读者真切地感觉到了《费加罗结婚》的那种离奇的遭遇与幸运中的全部怪异之点和奇特之处：不顾国王和司法界的反对而被宫廷、大众和作者硬逼出来的公演，轰轰烈烈的，飞扬跋扈的，转过来攻击着它自己的观众，以层出不穷的方法支持着自己，今天是一个岂有此理的新闻，明天是一个耸人听闻的事件，后天是一个慈善救济的行为，在如日方中的时候却把它的英雄送进了圣拉萨尔牢狱；这诚然是一个坏名誉、损身份的待遇，不过他也差不多算是得到安慰了，既然坐牢坐出了二百一十五万镑的支付令来，这就是所谓赔偿损失。很明显地，我们走进一个新道德、新技巧的世界了。在这世界里，一切都沾上金钱，一切都以金钱来安慰。在博马舍的双重人格中，生意人收回了一部分底业也就平息了文人的怒气。人们将来依然是要讲光荣的；但是，在这一切之中，人们所谓之尊敬也者到哪里去了？

我写完了这段叙述，对于当时社会的性格，对于作者的性格，都有很多的感慨。在圣拉萨尔这场风波之后，在揭示着他的《狂欢之日》业已告终的这场失败之后，博马舍已经五十三岁了，他还有一些大出风头、轰动社会的时候；但是伤痕一直存在着；他的信用从此进入下弦时期，他的才华也下降了，衰落了，或者至少又开始随便乱走了。他的最好的时光过去了。

III

像博马舍的这样局面宽宏、接触广泛、多才多艺、起伏不平的一个生活是绝不能紧缩到少数字句里面的。我们必须就其所冒险尝试的各个不同的方向中对这个生活取得一个概念，或多或少地看着它发展，然后才能对其为人、对其文才的性质得出一个公平的结论。如果我们想使读者同意我们的批评并且要他们能从事实的单纯陈述中得到和我们相同的见解，则这种做法尤为必要。

圣拉萨尔事件是在《费加罗结婚》快作第七十一次演出的时候，出乎意料地发生了，在这一场丑恶而可笑的囚禁中，最受损失的绝不是博马舍。无疑地，含沙射影的人第一次射到自己的影子了；拊掌大笑的群众是意见分歧的。"社会上对这个丑史笑得不可开交,"一个公正的目击者对我们说,"大家对这桩公案比对一个战役或一个和约还要关心。"然而,人们一看到那囚徒五六天后就出来了,而领导上对于这样近乎奇耻大辱的严厉处分竟噤若寒蝉,没有说出任何正确原因,便掉转矛头对着下令逮捕的人了。政府因为这事是一时之气做出来的,也感到惭愧了,退却了。损失赔偿来到了。《费加罗》的演出又继续进行了;第七十二次演出招来的观众不少于第一次演出。人们注意到,几乎所有各部大臣都来看了戏。人们还常提起财政总监迎劳恩先生给博马舍的一封信,这位大臣就是以这封信通知他说,国王同意他的辩解。并且还有一个相当于甚至超过于道歉的微妙做法,《塞维尔的理发匠》以 8 月 19 日(1785)竟在小特利侬宫由王后的私人票房演出了,演员是:王后饰罗芯,阿尔陀瓦伯爵饰费加罗,符德尔先生饰阿马维伐,等等。作者获得荣幸,被邀来看这一场绝妙的彩排。最后还有一点,博马舍作为商人来说已经收回了一部分财产,并且以偿欠名义拿到了二百多万,但是以文人的身份,他不肯接受在国王私款项下支付的百镑数字以上的年金。人家给他的津贴额原比这个数字高;他觉得应该自己把它降低到这个微小的数字;因为他只愿意对国王的恩宠和优遇留下这点轻微的联系。

这时候,博马舍就要和一些比政府还要危险的敌人打交道了。跟所有成了大名、炙手可热而又不能谨慎自持的人们一样,他将遇到一些比他年轻、有胆量、有毅力的能干人,他们同样地在贪求名望,正找机会出头,他一个不当心,就成了他们的最好的垫脚石。博马舍打倒过那么多的好汉，再来打倒他，该是多么好的理想、多么大的光荣啊！多少后辈都跃跃欲试，于是他就接受到这种考验了。美拉波[39]已经以许多眩世骇俗的事知名。当时，但是论光荣事业，他还是知名得很不够，他惯会写小册子，写了一本又一本，这次写了一本来反对正在创办中的巴黎自来水公司。白利耶（Perrier）氏兄弟利用火龙设备，打算为巴黎供给充分的合于卫生的用水，并且取费比过去任何时期都低廉；订水的每一用户都可以由水管接到全部必需的用水，这当然是很有益、很值得鼓励的事。公司的股票额定得很高，可能是有意玩的花样。美拉波受了他的朋友——银行家克拉维埃尔（Clavière）的怂恿，攻击公司，目的在使它降低股票额。博马舍跳上擂台，保卫公司的董事会和管理人；我相信，归根结底，他是完全对的。但是他要拿美拉波和他的反对意见来开玩笑；他回溯着古今来一切新创事业所必然遭受到的批评，说："当那种批评是很严酷的时候，人们就称之为'腓力皮克'[40]，也许将来有一天好事者会将这些批评美其名曰'美拉白尔'[41]，因为它们出自美拉波伯爵之手，qui mirabilia fecit（他专会美拉妙拉的）。"[42]这位双关语专家在这里太得意忘形，不知道在谁的门前弄大斧了。他在一段漫长的冷静的辩论之后，又以结论形式自问自地说，像美拉波伯爵这样高才的一个人有什么动机竟使他拿起他那支雄健的笔来为集团利益——甚至于与自己无关的集团利益服务呢？最后，博马舍却还能注意到用一点和缓的词语来结束辩争。

"我们钦敬其为人，"他说，"这种钦敬常常制止了我们越写越感到的愤慨。但是，如果我们虽力求谦和而终不免流露出若干他所不能赞同的词语，我们就请求他予以原谅……我一直是攻击他的看法，而对于他的风格的钦仰则无时或已……"

美拉波着了枪了；他也许是希望挨一下的：他一个箭步冲上来。他数说使他加入辩争的那些或真或假的动机，不管三七二十一，就直奔向他的对手方，并且，依照恺撒的劝告，劈头就是一剑，博马舍专欢喜（他倒是很真诚的，我相信）拿爱国心、服务热忱和公众利益来掩盖他的生意经和投机事业，美拉波就抓住这个爱国心、服务热忱和公众利益来揶揄他："这些都是我的动机，"他高叫着说，他已经显得是演说家了，在反驳和斥骂中显得是雷霆万钧的高手了，"也许都是不合时宜的，在现在这个时代，一切都为着美名，都为着光荣，绝不为着金钱，这才是时宜；巧诈专家，掉包能手，下流丑角，龟头鸨母都永远只追求光荣，对自己利益不作丝毫考虑，这才是时宜；在市场上做买卖，在宫廷里拿贴水，为贪图聚敛、滥赏而使出种种阴谋诡计，都只是为着荣誉，没有别的目的，没有任何利益观念，这才是时宜；为美国装备三十只大海船，满载着霉烂的军粮，走气的弹药，以旧充新的枪械，这一切都为着解放一个世界的光荣，绝对不是想这种无私的远征能有什么回报，这才是时宜……糟蹋一个伟人的杰作（指博马舍编印的《服尔特集》），把所有 juvenilia（少年作品）、所有 senilia（衰年作品）、所有长期写作中偶然失手写出的梦想都摆在一起；

而这一切是为着光荣，丝毫不是以编印这种离奇文集来牟利，这才是时宜；为着出一点风头，因此，为着爱光荣、恨利得，就把法兰西大剧院变成野戏台，把喜剧场变成伤风败俗的学校，讥刺着，侮辱着，谩骂着一切的国家权力，一切的市民阶级，一切的法令，一切的规制，一切的礼仪，这才是时宜……"

看，美拉波居然变成礼仪和醇良风俗的报仇人来反对博马舍了，费加罗在这样强壮的一个大力士手里，第一回合就被他打翻了，被他悬空举起来了，日子真是不好过的。接着他就问博马舍现在觉得他的"美拉白尔"怎么样了。从来双关妙语没有被这样凶狠地反击过。美拉波用来结束他的小册子的这段尾声在骂人的艺术中一直是脍炙人口的：

> 你，先生，你诬蔑着我的意图、我的动机，你逼着我以我生来不论在脑子里、在心灵里都不曾具有的严酷来对付你；你，我从来没有招惹你，和你俩作战不会有什么益处。

> 有什么光荣的……你相信我罢，你逼着我给你的这个苦痛的教训你记着罢……把你那些假惺惺的恭维话收回去；因为，从任何方面说，我都不会把你也来反恭维一番；收回你向我请求的那个可怜的原谅罢；连你胆敢向我表示的那种无耻的钦敬都收回去……

最后，他以这样一个忠告——在不顾一切只贪求出名的人中间可算是最可怕、最斩截的忠告——作结："从此以后，你只想到怎样去被人遗忘罢。"

博马舍，在这一顿痛骂之下，缄默了：他遇到了一个比他更敢作敢为的擂台手，而且比他更魁梧；他被超过了，被打败了。他在社会舆论中唯我独尊的地位在这时候（1785—1786）真正结束了。

还有一个新的敌手在准备着哩：那就是贝加斯（Bergasse）律师，他也还年轻，有辩才，有热情，要做出声名来。博马舍是命该打官司的，并且该和阿尔萨斯[43]人打官司，该和姓氏有德国气的人打官司。这次，不是跟戈思曼法官了；在茫茫人海中有个高尔曼先生，是个钱商，有个年轻貌美的女人，这女人是在巴尔[44]出生的，他虐待她，他先让她搞些不正常的关系，最后又把她关在巴黎一个禁闭室里，在拜尔风路（rue de Bellefonds），这时她已经怀孕，并且快生产了。有一天，博马舍在纳索·薛根（Nassau-Sieghen）亲王妃家里吃晚饭，人家谈起这个不幸的女人，因为她从牢房里写了一封动人的请求书；人家把这请求书给他看了，并且还有丈夫的一沓信，这些信对做丈夫的来说是很不光荣的。

"我走到凉台，"博马舍说，"如饥似渴地读着那请求书和那些信札。我头顶心都冒出火来。读完之后，我又回到屋里来，气冲冲地说：'我听候你们使唤，先生们，您，王妃，我准备陪您到勒·诺阿尔先生（警察总监）那里去，准备到处替这个不幸的女人伸冤，她是替别人受罪的。你们完全支配我好了.'我的朋友们都把我拥抱起来。"

于是全体主客都为那可怜的女人动起来，博马舍带着头，我们看到，他有点堂吉诃德办慈善的样儿。

"我搀扶着纳索王妃，"他又接着说，"去找勒·诺阿尔先生；她在交涉中表现出最动人的积极性。我看信时候的火气还没有消，因而在这大臣面前作了一番热火朝天的辩护，很快地把这大臣自己也烧热了：他对那不幸的女囚，对她的和婉，对她的痛苦，对她申诉的那种深入人心的语调，都极度赞扬……"

这一切都是1781年的事，当时的结局是那可怜的女人被放出来了，博马舍为她跑过凡尔赛，找过所有的大臣，所以亲自去报告她释放的消息。但是，几年之后（1787），在丈夫控诉她的案子里，高尔曼的律师兼顾问贝加斯碰到了博马舍的名字，和那么许多大人物都曾关怀过那美丽的女犯，便在他的辩诉书里钻这个空子，并且，特别对博马舍，破口大骂，引得博马舍提出毁坏名誉罪的控诉。在骂的许多话中间，最被着重抓住的有一句，就是贝加斯把博马舍说成一个"从毛孔里都流出罪恶"的人。这不仅是夸大，同时也是莫名其妙，万分糊涂。在整个的这桩公案里，博马舍主要地还是循着时代的癖好，当时有那么一种游侠风气，专为多情而荏弱的女性，为那些可怜被禁闭、被压迫的牺牲者打不平，博马舍正是随风趋时。然而，舆论也太古怪了，它追随博马舍已经那么久，现在厌倦了，这次竟转过头来强烈地反对他，并且骂起他来。所以这场官司他在法院里是打赢了，在舆论面前却是打输了。

博马舍被许多小册子骂得抬不起头来，过街老鼠人人恨，马来·居·潘（Mallet du Pan）当时（1787）写道。但他的《达拉尔》并不因此而减低叫座力，民愤又忘记掉了。这一点活画出巴黎人的精神：社会上的鄙视和舆论都是无力的；只要有的玩乐，就把一切都掩盖过去了。

这时社会上关于博马舍和他的私生活流传着千千万万的离奇故事，是真是假不得而知，但都是要令人发指或令人发笑的。比方，下面这件事罢，蛮有趣味的，但只能姑妄言之、姑妄听之：

　　博马舍有只金拖鞋钉在他的写字台上，这是他娇头的拖鞋；在开始工作前，他总要吻它一吻，于是灵感就来了。他什么都一把搋，自以为什么都成。

《达拉尔》，这也许就是在那只奇异拖鞋的灵感之下写成的罢，一面和高尔曼打着官司，一面公演着，《达拉尔》是博马舍的一篇歌剧，极癫狂，极古怪，但是又极合时宜，一篇自称为哲学性的歌剧，带政治性，并且已经是革命的了，它是《人权宣言》的前奏，其中"以人的尊严为作者所要探求的道德论点，为作者所采取的课题"，他自己在序言里郑重其事地这样说。大家可以判断一下，人的尊严入了乐，会成个什么样子；但是这很适合当时人的胃口，而博马舍正试图以一切方法挽回他那逐渐消失的声名。

1789 年的革命一开始就使博马舍感觉到他在这个绝大的狂澜前面是多么无力啊，这狂澜，他是最早引起的一个人，现在泛滥出来，威胁到他了。固然，《费加罗》曾经筹备着、预兆着这场革命；但是，当玛丽－若瑟夫·舍涅[45]的悲剧《查理九世》的成功给革命发信号、敲警钟的时候，博马舍慌起来了。关于这一点，他给法兰西喜剧院的演员们提出了一些很正确、很慎重的意见（1789 年 11 月 9 日）："《查理九世》一剧当然有其优点，"他说，"其中有几场令人惊心动魄、肝肠俱碎，虽然另有几场疲软下来、活力不多……然而，我一研求其道德性，我就觉得它不但可疑，而且不妥。在这种狂澜既倒的时期，民众需要防闲远过于需要刺激，那些野蛮的过激行为，不论表现在对立的哪一方面，我都觉得演给民众看是很危险的，那些过激行为使民众看来倒正好是为他们的暴行作辩护了。《查理九世》这出戏越成功，我的论断就越会具有力量；因为这出戏将会被各行各界的人看到了。而且，这是个什么时刻呀，朋友们，国王和他的全家来到巴黎住下了，可能是被阴谋逼来的，还能在戏里影射这些逼宫阴谋吗！这是个什么时刻呀，还能拿一个大主教作代表，给僧侣界加上一个莫须有的罪名吗！等等。"

接着，他反复指陈在当时环境中至为明显的那些弊害和危险。我们看见，博马舍心里发生的转变也和我们大家一样：一到我们的热情平息了的时候，一到我们的利益（包括我们的才华和我们最关切的智能方面的成就）不成问题的时候，我们就变得谨慎了，老实了；他本是《费加罗》的创造者，推着《费加罗》去面向一切的人、反对一切的人，现在再没有什么新的东西可加了，他就想来对《查理九世》下警告了。

总之一句话，他对革命没有多大的决心，远不如美拉波、商佛以及许许多多其他的革命志士。他的推动力一消耗完尽，他就达到知足常乐的年龄，只要他的剧本能够上演，只要他能够在他的花园里愉快、幸福，他就觉得一切都够好了。

这些年以来，在博马舍的生活上，在他的感觉方式上都起了相当大的变化。他相当早就衰老了；身体倒还不坏，但是聋了，而且，他渐渐退回到、隐遁到朋友和家庭的圈子里，性情也就渐渐冲和，渐渐纯朴。他的生活在某种程度上也规则化了。他的次妻生的一个儿子没有养得起来；但是有个女儿，他十分钟爱，名字叫欧贞妮，一切都证明她曾是妩媚可人的。原来他在1786年3月8日又结婚了，妻名玛丽·德来斯·爱弥丽·韦勒毛拉（Marie-Thérèse-Émilie Willermawla），从此他有权在结束对高尔曼的第三号辩诉书时说：

这些争辩不再扰乱我的家庭生活的安宁了。我在家里很幸福，我的娇娆可爱的女儿使我幸福，我的许多老朋友使我幸福，我从此无求于人，因为我已经履行了我的全部的严酷义务（读者请了解这"严酷"二字，实际上是不太严酷的），为子的义务，为夫的义务，为父、为兄、为友的义务，总之，为人的义务，为法国人的义务，为善良公民的义务；这场最后的、可思的官司至少也给了我一个好处，它使我能够缩小交游的圈子，使我辨别出真朋友和那些轻浮浅薄的相识。

1789 年他还住在那条老堂堡路[46]；但是从那时起他就在环城马路上建筑起他的花园楼房了，房子在马路转角处，面对着巴士底监狱，我们大家年轻时都还能看到的。快到 1790 年的时候他搬进去住下了，1792 年因受着威胁要逃走，又搬了出来。真的，那时候天天从郊区涌来毁灭性的人潮，冲向这座房子和冲击一个海角一样，而房子居然还能幸存，真是奇迹。他不断地受到住宅检查，受到抢劫和纵火的威胁；人家先控告他囤积小麦，后来又控告他囤积军火，私藏在地道里，而这些地道实际是并不存在的："至于我，"他在递交国约议会的类似辩诉书和请愿书的文件里说，"这些文件应该经常和费加罗那场独白对照着看，至于我，公民们，一个这样纷扰不宁的生活对于我已经变成一个包袱了；根据我由革命获得的自由，我曾几乎，二十次几乎被放火烧房了，被吊上路灯了，被屠杀了；我四年之中，受到十四次指控，虚妄甚于险恶，险恶又甚于虚妄；我两次被拖到你们的牢狱里准备不经审判就杀头；我在家里受到至高无上的人民四万人的检查，而我并没有犯过别的罪，只是有一座漂亮的花园而已，等等……"

从 1789 年大革命的最初几天起，博马舍就经常站在辩白和自卫的立场上。他原是第一届巴黎公社的社员，人们要把他排除出去；他只得以诉状自行辩护，在诉状里他把自己、把他在美洲战争时期所作出的贡献都说得冠冕堂皇的。一个老年人，充满着想象力，回忆到他的最美好的光荣时代，自然是免不了激扬夸耀的，我们把这种激扬夸耀除开不算，还能在许多片段里感觉到剖心自明的语调和令人信服的真诚。博马舍在他的回忆里，一定是忘记了不少的细节，这些细节会给画面带来阴影，但是，他说到那种公众利益，说到他经常留心用来掩护私利，乃至用来谋取私利的那种总的爱国面貌，还是说得不错的。特别是说他勇于助人，说他做好事做出了许多人来对他忘恩负义，这些话更是不假。

他需要活动，需要经营，触了那么多霉头还不死心，所以在1792年2月又揽上一笔生意，这生意具有爱国主义的色彩，却使他饱受麻烦。问题倒不大，就是要向荷兰买六万支，甚至于二十万支枪，供给法国政府，当时法国政府正在战争边缘，感到十分需要。他为这事接连和几个月内陆续换来的十四个部长接过头，但是从他们那里遇到的只是不予重视和不断拖延，其原因是部里有几个人意欲——不是意欲把事情搞垮，而是意欲把这笔生意从博马舍手里拿过来以便自谋利益。最聪明的人到了老年都会有时犯些毛病，博马舍在这里也逃不掉这种毛病之一：在他为这事递交国约会议的那些分为六期的辩诉书里，他居然（真是意料不到的怪事啊！）变得讨厌了。博马舍讨厌！这一次是很明显的；今天的读者觉得他讨厌，当时的部长们自然更觉得他讨厌了，他不断地请求着，把那些部长缠得没奈何，最后他们简直不知道怎么办才能逃掉他那种死盯着的约期会晤。在"八—〇"暴动[47]的前后，他有被屠杀的危险，迫不得已逃走了。这不算什么！他还是只想到他的枪支，他认为这是他的荣辱关头；这事成了他的怪癖了。他特意又跑回巴黎来商谈，结果被关进修道院的死囚牢[48]；在9月2日大屠杀之前几小时，由于马吕埃尔[49]的高义，把他从牢里搞出来，马氏来对他说："立刻从这里出去！"

"我一把就把他抱住，"博马舍演剧似的叫着说，"一个字也说不出来：只有我的眼睛向他描绘出我的心灵；我相信我的眼光是沉毅的，如果它描绘我当时所想的一切！我对于不公平的袭击，硬得和钢铁一般，稍微碰到一点仁慈的表现，心就立刻软下来，两只眼里泪如泉涌。我永远不会忘记那个人和那个时刻。我出来了。"

他出来了，但是他还是到部里追枪支的事。在一次部长会议的讨论里，他也应邀出席了，他很难听到丹东[50]说话，而丹东说话的声音已经是够重够高的了：

> 丹东先生坐在桌子那一边；他开始讨论了；但是，由于我差不多是半聋，我就站起来，道个歉，要求坐到部长跟前去（因为远了我听不见），同时按照我的习惯，窝着手贴住耳朵。

这一举动使部长们都笑起来，连丹东也笑起来；但是博马舍却不笑，他再也不开口笑了。他要国家有他的枪支，就是不愿意也得要。这样执迷不悟真是无可奈何。

"我是个可怜的鸟，"博马舍自己说得很对，"因为我只有一个叫声，就是五个月来对历任部长说：先生，把荷兰的那批枪械的案子结束了罢！大家的头脑没有一个不是昏了的。"他倒该再加一句："我的头脑也昏了。"

他既变得那么聋，仿佛连大局都看不清楚了。1792 年年底他逃往伦敦，在伦敦他还是接到了他所委托的人、他的授权人的一封信，这人告诉他曾到作战部去过，人家叫他跟一位哈桑佛拉兹先生（M. Hassenfratz，学者）接头："我开始问，我是不是有荣幸跟哈桑佛拉兹先生说话，而他，瞪着眼睛，红涨着脸，捻着拳头，用雷一般的声音，带着愤怒的表情对我说：'你没有什么荣幸，我也不是什么先生；我就叫作哈桑佛拉兹。'"就是在这种情况下博马舍竟又那么天真地从伦敦跑回来，再投到国约会议手里辩护这个案子，并且对付了勒关特尔（Lecointre）的检举，充分证明了这项检举的错误和不公。在他的第六"期"也就是他的第六号辩诉书的末尾，在一首配得上皮白拉克[51]手笔的格言诗后面，我们可以读到这样一个充满天真的署名："经常被迫害的公民迦隆·博马舍。——呈诸位审判员，于巴黎，1793 年，即共和国第二年，3 月 6 日写毕。"心里塞满了他唯一的目标，他简直弄不清楚国约会议究竟是什么一回事；使人惊讶的是：他居然还保住了他的脑袋。

往后的几年中，他再度逃出法国，避难于汉堡，在汉堡生活极度艰苦，以至于（是罗麦尼先生告诉我的）连一支火柴都要节约使用，留半支到明天。对家庭的想念和对爱女的想念支持着他的勇气。1796年他重睹他的家庭，不久他又住进了他的住宅、他那座漂亮的花园，他曾在这花园里满布着塑像、碑碣、纪念品，还有各式各样的依照时代风尚的题词。他写给朋友的信，是这一时期的，都十分可爱。对他的女儿，对他的家庭，在那些伟大的年代里，他说得太啰嗦，带着集剧里面老父亲的那种庄严和夸张；对他的姘头们（因为他经常是有姘头的），他写信用的语调叫最不识羞的人也要吓得倒退三丈，并且注定他的笔札的这一角落永远不能拿出抽屉或拿出好奇者的书房；但是，跟他朋友们通讯，在那种日常报导里，他又不折不扣地变成那快活的、和蔼而随便的博马舍了："我已经回到我在环城马路的那座房子里了，"他写信给一个朋友（1797年6月6日）说，"我到巴黎的时候房子还没有启封哩。使我回房子的这个可惨的动机正与当年使我建房子的动机相反，是节约的需要。我的财产，经过四年的迫害，毁了四分之三了，不容许我再花钱另租房子住，让自己的房子因无人居住而日趋毁坏……我到处跑着收拾一切的残余，因为我得留点面包给孩子们啦……一个人，各种滋味都领略过之后，几乎整个的生存都寄托在回忆里了。福能补祸的人该是多么幸运啊！"

他那时刚把女儿嫁给了，如他所说，"一个好青年"，一个光荣的人，这人全心全意地爱着她，在我写这篇评传时，这人还在世。

他的自负心还获得最后一次的满足，那是在法兰西大戏院把他1791年写的《有罪过的母亲》拿出来重演的时候：他看到自己被观众大声呼喊着，拥上台来，不由自主地跟名艺人毛勒（Molé）、佛勒利（Fleury）以及龚姐（Contat）小姐一起向大家谢了幕。他甜蜜地滋味着这种无上的捧场，心里想，无疑地社会大众变得比以前道德些了，既然他们能欢迎这样好的一部作品。原来博马舍把他才华的焰火全部放完之后，早就不知不觉地又回到他那格兰迪逊式的最初倾向了——始终是个乖僻的格兰迪逊啊！并且，如某君曾称呼他说，是"个带点野孩子气的格兰迪逊"。但是，做父亲的身份曾使他本能地从思想上又回到伦理剧和道德剧上来了，他老来常说："任何人，只要不是生来万恶，最后总归要变成善良的，当他的热情年龄去远了的时候，特别是当他尝到做父亲的那种甜蜜的幸福的时候！"

在他晚年写的一封信里，我们发现他对于灵魂不灭流露出一种希望，或者至少可以说，流露出一种欲求："我不欢喜，"他对一个朋友说，"在你那些哲学性的思考里把肉体的消失看作是给我们注定的唯一的前途；那个肉体不是我们自己；无疑地它是要死亡的，但是，像这样完美的机构的制造者，他既然允许了我们伟大的智慧能提高到对他的认识，如果他连这伟大的智慧一点也不保留下来，那么，他不是制造了一个与自己的权能不相称的产品了么！我的老弟、我的朋友、我的顾丹常和我谈这个未可知的前途；而我们的结论始终是这样：我们至少要努力使这个前途是好的；如果这个好前途真实现了，我们就算是计算对了；如果我们在这样使人安慰的一个期望里真是落空的话，我们修身以待尽，反躬自问时也有无限的甜美。"

我们很想拿这个印象来扫除博马舍在同时期写的另外一些公开信所留下的印象，在这些公开信里，由于少年时期最后一次的回光返照，他又忘其所以，说了许多不三不四的狂悖之言。不过我们也不希望看过这些公开信的人就能忘记同时期的另外许多很秘密的信，在这些秘密的信里，他放荡得无以复加。这一些，我们就说是时代使然罢。高朗[52]曾寄给他两首寓言诗，一首咏悲剧女神迈尔波门（Melpomène），另一首咏喜剧女神姐丽（Thalie），在他回给高朗的一封信里，我们倒觉得他是比较忠实于他的本性的：

要读一首好诗，要拿一个美妙的作品来消遣，就必须，我亲爱的公民啊，就必须有宁静的心灵和清闲的头脑；而老年人是很少有这种甜美的时间的。以前，我写作是为了滋灌欢情；现在呢，工作了五十年之后，我要对付那些盗窃我的家庭生活资源的人们，我是为着争面包而动笔了。但是我承认，我有点像卢梭所写的那个克莱尔一样，有时还是会破涕为笑的。

他这个笑是有渊源的，仿佛和血液一样，在博马舍整个家庭里循环着；他的姊妹中有一个叫作汝丽的，没有结婚，最后病笃时以最谐谑的愉快歌词歌咏着自己，在旁送终的人每人都赓和一曲；而博马舍在她死后重读着这个别致的遗嘱时，以一种令人哂笑的真情与稚气的流露，在下面亲笔题道："这是我那可怜的汝丽妹的天鹅之歌。"[53]

他好好的忽然死了，在巴黎，于1799年5月17日到18日的夜里，据说是中风，事前却没有任何征候；他是一觉睡成长眠了。死时年才67岁。有几个人——其中我要特别提出《世界名人传》里《博马舍传》的作者爱斯美纳（Esménard）、勒迈雪（Lemercier）先生和卜硕（Beuchot）先生，——似乎深信博马舍是因为生活艰难、不胜负荷而自求解脱［服了名为"卡巴尼斯"（Cabanis）的毒药］的。这个传言和想法在当时很风行了一下，后来经他的家属和朋友们辟谣了。凡是只求真理而不是别有用心的人都不难接受中风的说法，至多保留一点轻微的怀疑。

关于博马舍的生平，我曾不得不略去许多细节，在这种省略的条件下，如果我曾使他的那么无拘无束、那么自然本色的面貌能自动地在读者的脑海里显现出来，像我所认识的那样，不牵强，不穿凿，连自相矛盾的地方都予以尊重，如果我做到了这一点，我就很满意了。我一直避免谈博马舍生活中的实践道德性问题，我只简单地说明一下为什么：我们已经研究过顾尔维[54]以及其他类似的人物，很知道有那么一种人，在他们心目中严格的道德是不占什么地位的，在他们活跃的、做事业的年龄里，他们总是见风挂牌，忽而说可，忽而说否；没有什么多大困难；博马舍就属于这一流人物。在博马舍插手的某些交涉里，特别是在伦敦办的那些交涉里，不管对手方是厄翁骑士也好，是日报发行人毛朗德（Morande）也好，如果我把细节一齐写出来，人们就会发现他干过些颇不高明的勾当，这种勾当，还是不知道为妙。只就文学的和审美的观点来说，我不能不注意到，在他的证明和推理的方式里，金钱太占重要地位了。比方，有人拿些愚蠢的检举来和他过不去，说他囤积军火，说他环城马路的房子里有地道，说他以前在军实的供给里曾骗了美国人，他在向巴黎公社辩白时，学着英国人赌东道、挑战的样子，自然流露地说：

> 我宣布，谁能证明在我慷慨援助美国解放以后我除打猎用的枪支以外，家里还藏过别的枪支，我给他一千金元。
>
> 如果有人能证明我和佛来塞尔之间有丝毫这种关系，我也是一千金元……
>
> 我宣布，谁能证明我家里有地道通往巴士底，我给他一千金元……
>
> 谁能证明我和今天被指为贵族的任何人有任何关系，我给他两千金元……
>
> 最后，我还要宣布，谁能证明我在援助美国时曾以贪污损及法国民族的名誉，我给他一万金元……

我觉得这种用金钱评价一切的方式是整个一类型的感觉和习惯的暴露，这一类型的感觉和习惯在文学里当时算是新的，但是太容易地就扎住根了。现在，我也很乐意地承认，在一切可能的场合下，博马舍总是寻求个人利益与公共利益相结合，也可以说寻求两种利益的融合，以便一举三得，既得实利，复得光荣，又得盛名。这是 18 世纪适用的走江湖的形式，那时候社会上有爱国的江湖气，慈善的江湖气。"在任何对象中，"博马舍说，"使我激发的是全体的利益。""我遇到每一件大事，"他还说，"首先着想的是怎样把它搞得于国家最有利。"在美国独立战争的过程中，他不止一次地想到了这样的主意，并且把它们推行出去，获得成功；比方，为着使商人和船主的勇气重新振作起来，他建议（1779）政府准许新教徒加入商会（直到那时止，新教徒是被摒除的）；又比方，在格拉斯将军海战失利之后（1782），他想到叫每个大城市献给国王一艘战舰，以捐献的城市命名。在所有这些环境中，他都坦白地服从于自己想象力的指挥和所处时代的风势。博马舍这样被人攻击，这样被人诬蔑，却从来没有恨心。只有贝加斯，他曾把他变名为"贝筛思"放到戏剧里，而这种影射，多半还是由于未能免俗，其中所含的仇恨并不多，除了贝加斯，他很有理由说，并且重复说："我从大自然的手里接受了一副快活的心肠，这副快活的心肠常在我受到冤屈时安慰了我……我在劳累之余，总是用文艺、用好音乐，有时也用美女来消遣自己……我从来没有钻过别人的壁脚；没有任何人曾发现我拦阻他的前途；各种欢娱的好尚在我心里发展得太多了，我永远不会有时间，也不会有意图去害人。"通常，谈话一谈到他的敌人的时候，他就立刻打住："我们很可以把谈话用到更好的方面，"他对他的朋友顾丹说，"否则谈话就会变得惨凄凄的，不能有风趣、有教益了。""他们有他们的一套，我们也来我们的一套罢，"他还说，"我们应该明智；尤其是我们应该保持愉快，因为他们只想招恼我们；我们可不要中他们的计，让他们拍手称快。"这些话活活现出他的为人，他被所有接近他的人喜爱着，他在快乐中杂入一种厚道的底子，在调皮中杂入一种朴质的底子，他曾在他的雌犬的项圈上写道："博马舍是属于我的；我名叫'小花神'；我们住在老堂堡路。"关于他，他的作传人兼他的忠实的"阿迦特[55]"顾丹曾天真坦率地写道："他曾被他的许多娇头和他的三个妻子热烈地喜爱着。"

并且不只是顾丹这样说，拉·哈卜批评人向来不会失之过宽的，他给我们描写晚年退休中的博马舍坐在家庭圈子里与亲友相处的情况时也说："在这种场合下，我没见过任何人能跟别人、跟自己处得比他更好。"还有阿尔诺，他在他的《回忆录》里给博马舍写了充满趣味和感激的几页；最后，还有冯丹，他觉得尼斯美纳在《水星杂志》里对博马舍写得太严厉了，便写了一封信（1800 年 9 月），里面有这样一段：

至于博马舍的性格，我还可以引出伏尔泰关于他所说的一句话："我不相信这样一个快活人会有这样的害人之心"；而凡是仔细观察过他的人也都说伏尔泰的判断不错，这位博马舍，人家一般地把他看作一个吉尔·布拉斯，看作一个居斯曼[56]，总之，看作他的"费加罗"的模特儿，据说，他实际上一点也不像这些人物：他在一切牟利性质的经营里，表现得敏捷多于技巧[57]。他受骗的时候远超过骗人的时候。他的财富是幸运的环境给他造成的，却大部分因为他过于忠厚、过于放心而毁灭掉了，他这种忠厚和放心，我们是可以举出无数例证的。任何在社会上出过名的人都是毁誉参半的，一定要问问和他在一块生活过的人才能知道哪个意见是好的，是真实的。

这就是，我想，在罗麦尼先生提供新资料的前夕，人们对博马舍的批评所到达的现阶段。罗麦尼先生曾把这些新资料拿给我简单地看了一眼，因此我可以说，将来这位敏慧的传记家利用了这些新资料——他是有此能力的——之后，有许多疑点都会搞清楚的，那时候，人们了解他们的博马舍将和现在了解他们的卢梭和他们的伏尔泰一样[58]。

注释

1　法兰西大学院（Collège de France）是与巴黎大学平行的国立讲学机构，自由听讲，不受考试约束。

2　白利（Brie），巴黎东边的一个小地区，以牟城（Meaux）为首邑。

3　贺拉斯（Horace），拉丁大诗人，以温良明哲著称。

4　1852 年 6 月 1 日《国民大会报》。——原注

5　《格兰迪逊》（Grandisson），小说的名字，同时也是这小说里主人翁的名字，英国作家理查逊（Richardson）著（1753）。格兰迪逊是优良品德的典型。

6　施露班（Chéruban），原意为"安琪儿""小天使"；博马舍的名剧《费加罗结婚》中人物，见后。

7　林道尔（Lindor），西班牙文学中的传统人物，经常手持吉他在恋人的窗外唱情歌，是多情男子的典型。博马舍在他的名剧《塞维尔的理发匠》里把这名字引入情歌，自此林道尔又成为法国家喻户晓的人物。

8　彭巴杜夫人（Mme de Pompadour），路易十五世的宠妃。

9　他把这机会利用得太好了，以至于有人竟怀疑他故意造成了这个机会，"叫人散发了那封辱骂他的信，他根据这封信又这样大做其文章"，这是拉·哈卜（La Harpe）说的，而拉·哈卜对博马舍素无敌意。——原注

10　厄斯丹（Amiral d'Estaing），法国海军上将，曾对英作战，颇著勋名。

11　吴佛拉（Ouvrard），拿破仑时代的大军火商。

12　富盖（Fouquet de Belle-Isle），法国 18 世纪的大将。

13　拉·硕色（La Chaussée, 1692—1754），法国剧作家，"哭剧"的创始人。

14　高来（Collé, 1709—1783），法国的歌曲作家和剧作家。

15　主教裁判所（For-l'Évêque），1780 年前巴黎监狱之一，专关欠债不还的人和犯罪的优伶。

16　路易（Louis），法国古时金币名，以铸有国王路易的像得称。

17　卜勒佛长老（Abbé Prévost, 1697—1763），法国小说家，他的最著名的小说是《曼侬》（Manon Lescaut）。

18　华波尔（Horace Walpole, 1717—1797），英国文学批评家，久寓巴黎。

19　玛丽·安端妮特（Marie-Antoinette），后来太子登极，为路易十六世王后，大革命时期上了断头台。

20　"啥玩艺儿"（Ques-aco?），法国普罗旺斯（Provence）省方言。

21　1852 年 6 月 21 日续载。

22　一法里（Lieue）合四公里或八市里。

23　法谚：某人为了朋友，"折而为四"（se mettre en quatre），意思是说用尽
了心力，"鞠躬尽瘁"。

24　另一法谚：某人是"车上的第五轮"，意思是说毫无用处，"聋子的耳朵"。

25　高卢（Gaule）是法国的古称，高卢人是法国人的始祖，以好欢笑嘲弄著称，
但常涉秽亵；现在法国人还将秽亵的调笑语称为"高卢气"（gauloiserie）。

26　罗昔尼（Rossini, 1792—1868），意大利人，欧洲 19 世纪的大音乐家之
一。他的杰作除《理发匠》外，还有《奥瑟罗》《威廉退尔》等等。

27　安达鲁西（Andalousie），西班牙南部省份，省会就是塞维尔。

28　见勒·伯朗夫人（Mme Le Brum）的《日记》第一册第 147 页。——原注

29　"打碎了玻璃窗"原是法国一句成语，意谓"不顾一切""不再敷衍""无
所顾忌"。

30　《秘札》（*Mémoires secrets*），阿隆维尔伯爵（Comte d'Allonville）著。

31　我们自以为是很明智的，不会有这一类的幻觉；这正是一种幻觉。我认识
过一位路易·腓力浦朝的省长，他曾七次看《罗伯尔·马开尔》（著名的
强盗剧——译者）那出戏，他是这样告诉我们的，并且申明他对那出戏看
不出什么流弊。——原注

32　虽然在《宪政报》上我是他的近邻，我却觉得我没有理由不把他的名字直
说出来——他就是韦龙先生（M. Veron）。——原注

33　斯加那来尔（Sganarelle），莫里哀笑剧中的典型丑角。

34　五总裁政府（Directoire），法国自 1795 至 1799 年革命政府的名称。

35　司徒纳（Sterne, 1713—1768），英国小说家，作品中多穿插激动感情的
故事。

36　饶弗兰（Mme Geoffrin, 1699—1777），法国启蒙运动时期的著名文化妇

女，主持沙龙，延揽哲学家定期座谈；同时热心慈善事业。见评传。

37 巴士底狱（Bastille），在巴黎，是法国大革命前关政治犯的地方，法国大
革命即以群众剥夺巴士底狱开始。

38 "白脱"（les bêtes），就是一墩牌都没有捋到的人。——我这些细节引自阿
尔诺（Arnault）的《六十回忆录》第一册第129页。——原注

39 美拉波（Mirabeau, 1749—1791），法国大革命时期最著名的演说家。原为
贵族，受贵族排挤，投身革命，以雄辩在立宪会议中叱咤风云。临终前变
节与王廷勾结。

40 "腓力皮克"（Philippiques），古希腊大雄辩家德谟斯顿（Démosthène）攻
击马其顿王腓力浦的演说，极严正辛辣之能事。因而后世称辛辣的批评为
"腓力皮克"。

41 "美拉白尔"（Mirabelle），从美拉波（Mirabeau）的名字引申出来，正如
"腓力皮克"（Fhilippiques）从腓力浦（Philippe）的名字引申出来。

42 这句拉丁文的意思是"他专干些'美拉妙拉'的事"，拉丁文"mirabilia"
（妙事）一字的前半与"Mirabeau"（美拉波）的名字前半相同，所以成了
双关语。

43 阿尔萨斯（Alsace），法国北部一省，紧邻德国。

44 巴尔（Bâle），瑞士城名。

45 玛丽–若瑟夫·舍涅（Marie-José Chénier, 1762—1794），富有革命思想的
诗剧作家。

46 老堂堡路（Vieille-Rue-du-Temple），以一座著名的古修道院得名，修道院
里筑有碉堡，大革命时期，法王路易十六世就被人民关在这碉堡里。

47 1792年8月10日，吉隆德党的部长被撤职引起巴黎大暴动，结果是路易
十六世被囚，王权从此垮台。

48 修道院（Abbaye），原是关贵族的牢狱，建在一个大修道院（abbaye de
Saint-Germain-des-Prés）里面的；大革命时期改为军事犯的牢狱；1792年9

月 2 日、3 日两日成为大屠杀的刑场。

49 马吕埃尔（Manuel），当时巴黎公社的检察长。

50 丹东（Danton, 1759—1794），法国大革命的最著名的领导人之一；1792
年"八一〇"大暴动之后任司法部长，为"九·二""九·三"大屠杀的
主持人。

51 皮白拉克（Pibrac, 1529—1586），法国格言诗专家，颇受蒙田的赞许。

52 高朗（Collin-d'Harleville, 1755—1806），法国喜剧作家。

53 "天鹅之歌"是指大诗人临终之前的杰作。自古希腊时代起，欧洲就流行
一种传统的说法：天鹅一辈子都是不会歌唱的，但是临终时却高歌一曲，
音节非常和婉动人。

54 顾尔维（Gourville, 1625—1759），路易十四世的高级官吏，有干才，财
政大臣富盖（Fouquet）以贪污案被囚时，他也被株连获谴。

55 阿迦特（Achate），维吉尔史诗《伊尼特》（*Enézde*）中的人物，伊尼的忠
实伴侣，顷刻不离左右。

56 居斯曼（Gusmand d'-Alfarache），17 世纪西班牙浪人小说中的典型人物
之一。

57 他编行的所谓"凯尔"（Kehl）版的《伏尔泰全集》就是这样，为了这个
版本，他经历了多少艰苦，受到了多少批评，结果还损失一百万。——
原注

58 不过永远有这么一个分别：凡是关于卢梭和伏尔泰的，人们可以全部说出
来；在他们的生平曾有不少卑劣和不纯洁的地方，但是这些地方究竟还是
出了笼，张扬出去了；在博马舍这方面，永远有一个秘室，外人是不能进
去的。归根究底，他是崇拜财神和园圃之神的，后一种神占一个很大的地
位，直到他的末日。正是如此，博马舍的文学已经不是卢梭和伏尔泰的文
学了，这两人的文学，思想性强得多，就是毛病和缺点，也都是思想性
的。——原注

出版说明

"大家小书·译馆"多是一代翻译大家的经典译作,在还属于手抄的著述年代里,每个字都是经过作者精琢细磨之后所拣选的。为尊重作者翻译习惯和遣词风格、尊重语言文字自身发展流变的规律,为读者提供一个可靠的版本,"大家小书·译馆"对于已经经典化的作品不进行现代汉语的规范化处理。

本书译者是著名翻译家范希衡。文中部分人名、地名、学/党派名、著作名等的译法与现今常见译法不同的,为保持原文不变,特在书末附译名差异对照表,特此说明。

北京出版社

译名差异对照表（按首次出现顺序排列）

本书译名	常见译名
（人名）	
色恭达	塞孔达
布封	布丰
白吕塔克	普鲁塔克
塞内卡	塞涅卡
马克奥来尔	马可·奥勒留
卜林	普林尼
冯特奈尔	丰特奈尔
达朗拜尔	达朗贝尔
居佛来尼	迪弗雷尼
李加	黎加
巴斯加尔	帕斯卡尔
博叙埃	波舒哀
高尔台兹	科尔特斯
佛班	沃邦
加迪纳	卡蒂纳
杜伦	杜伦尼（又译蒂雷纳）
极司非尔	切斯特菲尔德
华波尔	沃尔波尔
马加威尔	马基雅弗利
圣厄佛尔孟	圣-依瑞蒙（Saint-Évremond）

圣勒阿尔	圣-雷尔
罗木鲁斯	罗慕路斯
萨吕斯特	萨卢斯特
亚力山大	亚历山大
特拉让	图拉真
恺撒	凯撒
迦陀	加图（文中指小加图）
白鲁杜斯	布鲁图
勒比得	雷必达（马尔库斯·埃米利乌斯·雷必达）
奥克塔夫	屋大维
莫伯追	莫佩尔蒂
季本	吉本
格罗丢斯	格劳秀斯
毕封道夫	普芬道夫
夏多布里昂	夏多勃里昂
饶弗兰夫人	若弗兰夫人
赛尤	萨尤
包内	邦纳（查尔斯·邦纳）
包立卜	波里比阿
奥古斯特	奥古斯都
马孟台	马蒙泰尔
阿卢外	阿鲁埃
勒·伯朗	勒·勃朗
孟多协	蒙陶西尔

居波瓦	杜布瓦·雷蒙
布业	布耶
罗安	罗昂
徐立	苏利
包林伯洛克	博林布鲁克
伯尔涅尔夫人	贝尔尼埃夫人
沙特来侯爵夫人	夏特莱侯爵夫人
毕奥	比奥
妲丽	塔利亚
巴别	巴尔比耶
佛勒德利克	弗雷德里克
伯劳利	布罗伊
达干	达坎
商伯兰	尚贝兰
包尔德	博尔德
克勒孟十四世	克雷芒十四世
狄奥仁	第欧根尼
托玛桑	托马森
左易尔	佐伊洛斯
达巴罗	塔巴罗
尼可来	尼科莱
班雅曼·贡斯丹	邦雅曼·贡斯当
拉沙罗太	拉沙洛泰
伯勒推	布勒特伊
德符	德沃

达让逊	达尔让松
拉波迈尔	拉博梅勒
佛迈尔	福尔梅（塞缪尔·福尔梅）
佛勒龙	弗雷龙
孟斯来	蒙瑟莱
玛丽·勒克辛斯卡	玛丽·莱什琴斯卡
克勒基夫人	克雷基夫人
玛丽-若瑟夫·舍涅	玛丽-约瑟夫·谢尼埃
李尼	利涅
白那丹·得·圣皮埃尔	贝纳丹·得·圣皮埃
包特	波特
拉夫内尔	拉夫纳尔
古赛尔	库塞尔
胡德多	乌德托
马里佛	马里沃
开吕	凯吕斯
瓦伦夫人	华伦夫人
李迦逊	里夏尔松
马才伯	马勒泽布
白尔索	贝尔索
凡尔内	韦尔内
罗朗	罗兰
白特药	佩特洛尼乌斯
王罗	凡·洛
拉瓦台	拉瓦特尔

毛尔来	莫雷莱
拜尔	培尔
狄天	提香
卜西舍	普绪喀
韦安	维安
代亥	德赛
圣伯诺瓦	圣伯努瓦
卢台堡	卢泰尔堡
勒兴	莱辛
拉·杜尔	拉图尔
罗麦尼	洛梅尼
居维内	迪韦奈
彭巴杜夫人	蓬帕杜夫人
顾尔维	古维尔
厄斯丹	德斯坦
吴佛拉	乌夫拉尔
富盖	富凯（贝尔岛公爵）
莎芙克尔	索福克勒斯
飞狄亚斯	菲狄亚斯
拉·硕色	拉·肖塞
勒维克	莱韦克
韶纳	肖尔纳
莫布	莫普
卜勒佛长老	普雷沃神父
华波尔	沃波尔（霍勒斯·沃波尔）

玛丽·安端妮特	玛丽·安托瓦内特
顾丹	居丹
罗昔尼	罗西尼
阿尔陀瓦伯爵	阿图瓦伯爵
白勒陶	布勒特伊
徐佛朗	叙弗朗
居巴迪	迪帕蒂
司徒纳	斯特恩
迦劳恩	卡洛纳
白利耶	佩里耶
美拉波	米拉波
马吕埃尔	曼努埃尔
哈桑佛拉兹	哈森弗拉茨
勒关特尔	勒库安特
皮白拉克	皮布拉克
毛勒	莫莱
佛勒利	弗勒里
龚妲	孔塔
高朗	科兰
迈尔波门	墨尔波墨涅
爱斯美纳	埃斯梅纳尔
勒迈雪	勒梅西埃
卜硕	伯绍
拉·哈卜	拉·阿尔普
德谟斯顿	德摩斯梯尼（或德摩西尼）

（地名）

保尔多	波尔多
拉伯来德	拉布雷德
桂言省	吉耶纳
高林特	科林斯
圣奥诺勒路	圣宝莱大街
萨伦特	萨兰特
迦克敦	卡尔西顿
维尔瑞夫	犹太城
怀特郝尔	白厅
莫斯河	默兹河
佛日	孚日
佛吴、弗得地方	沃州
白尔恩邦	伯尔尼
本地舍利	本地治里
纳沙台	纳沙泰尔
安佻什	安条克
朗格尔	朗格勒
圣彼德堡	圣彼得堡
特洛亚	特洛伊

（学/党派名）

斯多噶派	斯多亚学派
任色尼派	詹森派
惠格党	辉格党

（著作名）

《罗马人的盛衰》　　　　　　《罗马盛衰原因论》

《罗马帝国盛衰史》　　　　　《罗马帝国衰亡史》

《战争与和平的法权》　　　　《战争与和平法》

《恰尔德·哈罗德》　　　　　《恰尔德·哈罗德游记》

《拉摩之侄》　　　　　　　　《拉摩的侄儿》

《埃狄普》　　　　　　　　　《俄狄浦斯王》

（其他名）

萨班人　　　　　　　　　　　萨宾人

阿尔哥斯人　　　　　　　　　阿尔戈斯人

圣巴特勒密节　　　　　　　　圣巴托罗缪节